戦争の中国古代史

佐藤信弥

講談社現代新書

2613

まえがき

白登山の劉邦

「どうしてこうなってしまったのか……」

劉邦《りゅうほう》は、ため息混じりにつぶやいた。

漢の高祖《こうそ》七年（前二〇〇年）の冬、劉邦は平城《へいじょう》（今の山西省大同市《さんせいしょうだいどうし》）の郊外にある白登山《はくとうざん》にて、匈奴《きょうど》の冒頓単于《ぼくとつぜんう》率いる四十万の大軍に包囲されていた。味方の兵から孤立し、兵糧の供給が途絶えて数日になる。自軍の兵士は飢えと寒さに苦しめられ、周りを見渡せば、西方には白馬、東方には青馬、北方には黒馬、南方には赤黄色の馬と、様々な毛色の匈奴の軍馬に取り囲まれている。見慣れぬ敵に取り囲まれ、兵士たちは心身の疲労とともに絶望感や恐怖感に覆われ、士気は下がる一方であった。

匈奴については、馬や牛や羊の飼育をなりわいとし、定住する所を持たず、水や草を求めて移動を繰り返している連中であること、秦《しん》の蒙恬《もうてん》が彼らと戦ったことなど、以前から話には聞いていた。項羽《こうう》を破ってからは韓王信《かんおうしん》（股くぐりで有名な淮陰《わいいん》侯の韓信と同名の別人）

をこの地に置いて匈奴の侵攻に備えていたが、まだ他人事のような感じがあった。その韓王信が匈奴に降伏し、彼を成敗しようと自ら出征したことにより、匈奴と対峙することになったのである。

匈奴ははじめ精兵を隠して弱兵と見せかけ、劉邦は「匈奴など大したことはない」と高をくって追撃をかけたが、これは冒頓単于の仕掛けた罠で、自軍の後方の歩兵が揃わないうちに匈奴の軍に取り囲まれてしまったというわけである。

更に予想外だったのは北方の地の寒さである。実のところ追撃をかける以前に兵士のうち二割、三割の者が凍傷で指を失っていた。それでも勝てると踏んで強行軍で追撃をしたところがこのざまである。白登山で包囲されてからは更に多くの者が体を弱らせ、包囲網の突破などとてもできそうになかった。

劉敬《りゅうけい》という人物が罠であることを見抜き、追撃をやめるよう進言したが、劉邦は聞き入れなかった。今はすっかりそのことを後悔していた。

この時劉邦は七日間包囲されたすえ、閼氏《えんし》（単于の后妃の号）に贈り物をして和解に漕ぎ着け、白登山を脱出することができたのだが、その和解の内容は、皇女を夫人として単于に差し出す、漢が匈奴に毎年貢納をする、漢と匈奴とが兄弟の関係になるというものであった。兄弟の関係といっても対等ではなく、明らかに匈奴を上位としたものである。

皇女については一族の娘を自分の娘ということにして嫁がせ、劉邦は屈辱感を抱きつつも、ひとまず危機を回避できたということで、一方で安心感も覚えていた。しかしこれは中国史上で繰り返されることになる、漢人の王朝と遊牧国家のような外部勢力との戦いのはじまりにすぎなかった。事実、和解が成立した後、匈奴はしばらくなりをひそめていたが、やがてまた漢への侵攻を行うようになったのである。

本書の構成

以上は、『史記《しき》』匈奴列伝や劉敬列伝に見える漢と匈奴との白登山の戦いの一幕を小説的にまとめてみたものである。

中国古代の戦争は、項羽と劉邦の楚漢《そかん》戦争のように、文化を共有する「中国」に属する勢力同士の戦いもあるが、ここで述べた漢と匈奴の戦いのように、「中国」と外部勢力との戦いも目に付く。

中国古代史は、様々な勢力間の戦争を通じた「中国」形成史と見ることができる。本書では、甲骨文など同時代の文字資料に軍事に関する記録が現れはじめる殷《いん》代から漢王朝成立の頃までの戦争を見ていくことで、この「中国」形成の様子を見ていくことにしたい。

序章では、新石器時代の戦争について取り上げ、中国での戦争の起源について見ていくことにしたい。

第一章では、殷代の軍事について取り上げる。殷は大国ではあったが、後の時代のように「中国」全土を中央集権的に統治できていたわけではなく、周辺には方国《ほうごく》と総称される諸勢力が割拠していた。方国は時に殷に服属し、時に殷に敵対した。甲骨文にはこの殷と方国との戦争に関する記録が多く見える。こうした方国の中から殷を滅ぼす周《しゅう》が登場する。

第二章では西周《せいしゅう》王朝を取り上げる。殷代以来の方国は次第に影を潜め、王朝の直轄領域である王畿の周辺には、王朝が立てた諸侯国が広がるようになる。そして周は各地の諸侯に対して軍事的な統制を図ったが、その姿勢からは後の秦漢帝国につながるような「帝国」の萌芽を見出すことができる。またこの時代には淮夷《わいい》・玁狁《けんいん》（犬戎《けんじゅう》）など夷《い》や戎《じゅう》と呼ばれる勢力が周と敵対した。西周は玁狁との百年以上にわたる断続的な戦いのすえに滅亡する。

第三章では春秋《しゅんじゅう》時代の軍事について見ていく。周の東遷《とうせん》以後、軍事の主役は周王朝から各諸侯国へと移った。斉《せい》の桓公《かんこう》や晋《しん》の文公《ぶんこう》など中原の有力諸侯が覇者となって会盟を開き、戎・狄《てき》や南方の楚《そ》と対峙することで、諸侯間あるいは外部勢力との間の「国際秩序」が形成された。後の時代につながる華夷思想《かいしそう》が形成されはじめたのもこの時期である。

第四章では戦国《せんごく》時代について扱う。星の数ほど存在した諸侯国は、戦争による兼併を経て、「戦国の七雄」など十数ヵ国にまで減少し、かつ諸侯が王と称するようになる。この諸侯国の中から統一を果たす秦が台頭することになる。秦による統一が進む戦国末期は、原泰久《はらやすひさ》のコミック『キングダム』の舞台となっている。各国間で活発な外交が繰り広げられる一方で、自領防衛のために長城《ちょうじょう》が建設され、戦車（戦闘用の馬車）にかわって騎兵の導入が進められた。また『孫子《そんし》』に代表される兵法や墨家《ぼっか》の非攻《ひこう》など多様な軍事思想が発達した。

第五章では秦の統一から滅亡、そして楚漢戦争を経て漢王朝が成立し、白登山で匈奴と激突するまでを扱う。秦では郡県制や軍功による爵制の導入が進められたが、郡県制による支配が陳勝《ちんしょう》・呉広《ごこう》をはじめとする反秦勢力によって否定される。そして戦国期のような複数の諸侯国による「国際秩序」の復活が模索され、前漢の郡国制へと展開した。また新たな外部勢力として匈奴が台頭し、秦漢王朝が対応を迫られることになった。

終章では、白登山の戦い以後、漢の武帝《ぶてい》の時代に漢と匈奴の力関係が逆転するまでの過程を追い、古代においての「中国」の完成を見届けて締めくくる。

「中国」形成史、あるいは華夷思想の形成は国内外の学界でホットなテーマである。また秦の滅亡から漢王朝成立までの過程は、近年日本で活発に研究が発表されている。本書ではこれら最新の研究の成果を随所に取り入れていく。

そして個々の戦争やその意義だけでなく、軍制、長城などの軍事施設、兵器、軍事にまつわる儀礼や思想、軍事に関わった人物、末端の兵士の状況など、軍事全般を各時代ごとに見ていくことで、文字通り「戦争の中国古代史」を総合的に描き出していくことにしたい。

本書では甲骨文・金文《きんぶん》など出土文献を引用する際、できるだけ通行の字形に改め、かつあらかじめ通仮字《つうかじ》（音通によって代用される文字）に変換した寛式《かんしき》表記を用いる。引用文中の□は欠字あるいは不明字を、［　］はその欠字の部分に補った文句を、……は省略部分があることを示す。また、「合集」「集成」など本書で引用する出土文献の図録類の略称は、巻末の「主要参考文献」の「出土文献図録類及び略称」を参照されたい。

目次

序章　戦争の起源

『史記』五帝本紀《ごていほんぎ》によると、神農氏《しんのうし》の時代に世が乱れ、諸侯がお互いに侵略しあい、五帝の筆頭となる黄帝《こうてい》が暴虐な炎帝《えんてい》や蚩尤《しゆう》を征伐したという。神話の時代に既に戦争が頻発していたことになるが、現実の世界ではどうだったのだろうか。中国での戦争のはじまりを考古学の成果によりつつ見ていくことにしよう。

【年表】
神話の時代　三皇五帝
前二〇〇〇年頃?～前一六〇〇年頃?　二里頭王朝（=夏王朝?）
前一六〇〇年頃?～前一〇〇〇年代後半　殷王朝
【人物】
殷の湯王

戦争の出現を示すもの

中国での戦争のはじまりは、劉邦が白登山で包囲されるより二千年以上前の新石器時代後期にまでさかのぼる。

新石器時代は同時代の文献による記録がない先史《せんし》時代に属する。強いて後代の文献によって年代を求めると、三皇五帝のような古帝王が治めた神話・伝説上の時代ということになる。この時代には中国各地で同時多発的に独自の文化が誕生し、発展した。日本の「弥生文化」の呼称が遺跡のある地名に由来するように、中国各地の新石器文化も、世界史の教科書に出てくる仰韶《ぎょうしょう》文化・龍山《りゅうざん》文化など、主要な遺跡のある地名などにちなんで名づけられている（図序－1）。

ただ戦争のはじまりといっても後世の古戦場跡のようなものが残っているわけではない。戦争の存在を裏づけるものとなるのは、武器、戦争の犠牲者の遺体、そして城壁などの防禦施設、この三つである。

まず武器から見ていくと、新石器時代の主要な武器としては、石製や骨製の鏃《やじり》、石製の斧鉞《ふえつ》が出土している。遠距離から攻撃するのに弓矢が使われ、接近戦では斧鉞が使われたということになるが、特に弓矢は狩猟でも使用されるので、その用途の弁別が難しい。

鏃に関しては、考古学者の岡村秀典《おかむらひでのり》は、黄河中・下流域の地域では廟底溝《びょうていこう》第二期文化（およそ紀元前三〇〇〇年頃～前二五〇〇年頃）と中原龍山文化（前二五〇〇年頃～前一七五〇年頃）の間、紀元前二五〇〇年前後に画期を見出している。その間に軽くて遠くまで飛ぶことを重視したものから、重くて深く突き刺さるものへと形態上の変化があり、そして鏃の出土量も急増していることから、集団間の戦争の激化を背景として弓矢の武器化がはじまったと見ている。

弓矢が戦争に使われたというもっと直接的な証拠としては、鏃をその身に受けた人骨がある。たとえば大汶口《だいぶんこう》文化（前四三〇〇年頃〜前二八〇〇年頃）後期の江蘇《こうそ》省大墩子《だいとんし》墓地では、大腿骨に骨鏃が食い込んだ中年男性の骨が発見されている。これは戦争の犠牲者の可能性がある。

そのほかにも戦争の犠牲者ではないかと見られる人骨が発見されている。陝西《せんせい》省宝鶏《ほうけい》市北首嶺《ほくしゅれい》遺跡や青海《せいかい》省貴南《きなん》県尕馬台《ガーマータイ》遺跡などでは、頭蓋骨がない人骨があり、それぞれ戦争の犠牲者とされている。北首嶺遺跡の人骨は頭蓋骨のかわりに陶罐が置かれていたという。尕馬台遺跡では頭蓋骨のない墓葬が六基発見されており、彼らは敵対する集落によって頭を斬りとられたのではないかと推測されている。

山西《さんせい》省襄汾《じょうふん》県の陶寺《とうじ》遺跡は中原龍山文化に属する遺跡で、巨大な城壁や宮殿跡、観象台（天体観測のための建築遺構）の存在で知られる。中国では堯《ぎょう》の都ではないかとする説が提唱されている。堯は五帝のひとりで、人々が太平の世を謳歌した「鼓腹撃壌《こふくげきじょう》」の故事で知られる。

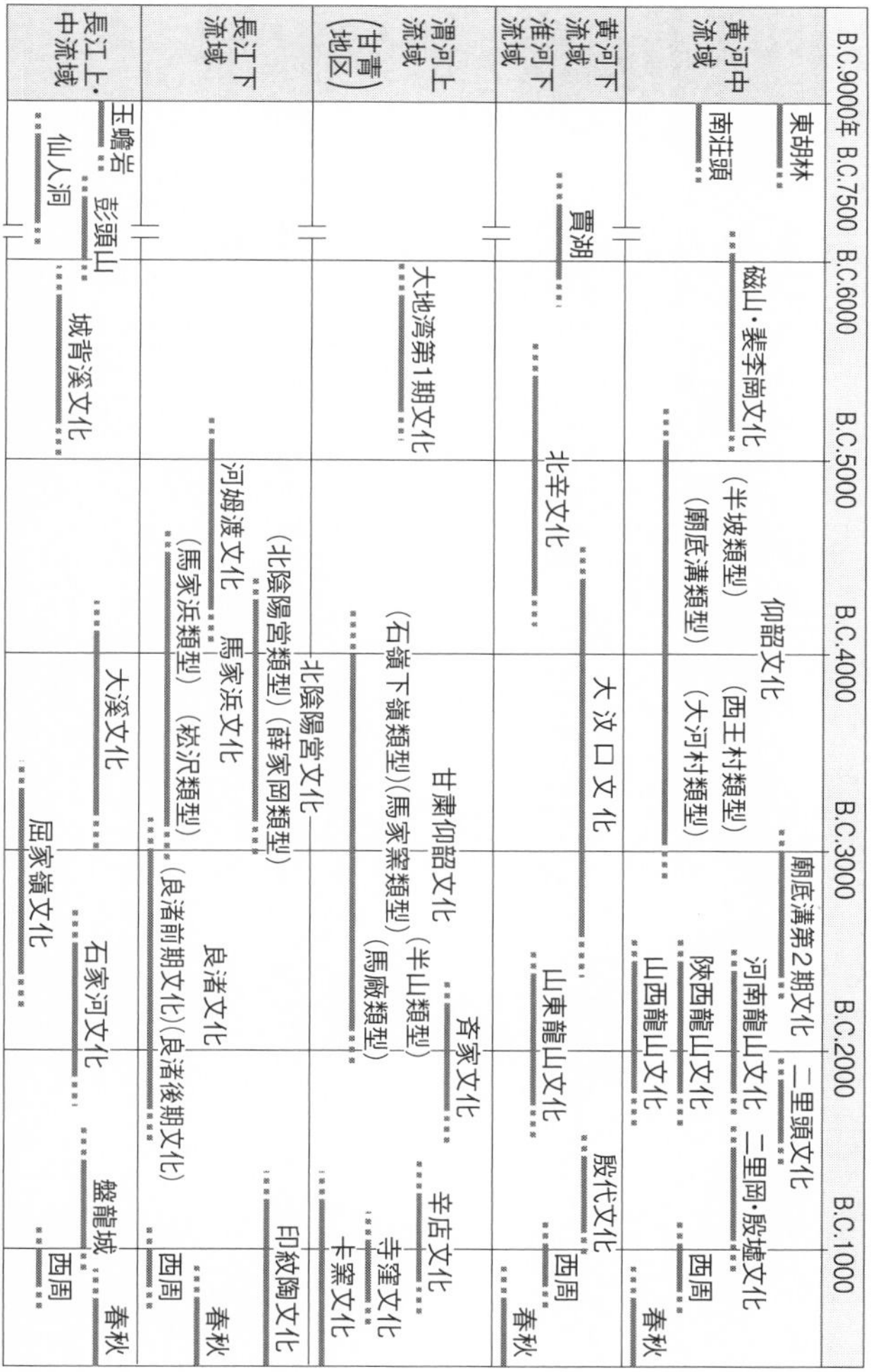

B.C.9000年
B.C.7500
B.C.6000
B.C.5000
B.C.4000
B.C.3000
B.C.2000
B.C.1000
黄河中流域
黄河下流域 淮河下流域
渭河上流域（甘青地区）
長江下流域
長江上・中流域
東胡林
南荘頭
磁山・裴李崗文化
仰韶文化
（半坡類型）
（廟底溝類型）
（西王村類型）
（大河村類型）
廟底溝第2期文化
河南龍山文化
陝西龍山文化
山西龍山文化
二里頭文化
二里岡・殷墟文化
西周
春秋
扁扁
北辛文化
大汶口文化
山東龍山文化
殷代文化
大地湾第1期文化
甘粛仰韶文化
（石嶺下類型）（馬家窯類型）
（半山類型）
（馬廠類型）
斉家文化
辛店文化
寺窪文化
卡窯文化
河姆渡文化
（馬家浜類型）
馬家浜文化
（崧沢類型）
北陰陽営文化
（北陰陽営類型）（薛家岡類型）
良渚文化
（良渚前期文化）（良渚後期文化）
印紋陶文化
王蟾岩
仙人洞
彭頭山
城背溪文化
大溪文化
屈家嶺文化
石家河文化
盤龍城

図序－1　黄河・長江流域の新石器文化・遺跡年代表

その陶寺遺跡の後期、前二〇〇〇年前後には、宮殿や観象台には破壊の跡が見られ、貴族墓も破壊され、墓が曝かれた痕跡が確認されている。灰溝からは三十体あまりの頭骨や四十〜五十体あまりの人骨が発見されている。この後期には城壁が廃棄され、陶寺遺跡は都城から村落へと衰退したとされている。他の勢力との戦争、あるいは内部の紛争によって都城として廃絶されたと見てよいだろう。

集落の防禦施設としては、陶寺遺跡に見られるような城壁のほかに、環濠がある。仰韶文化（前五〇〇〇年頃〜前三〇〇〇年頃）前期の陝西省姜寨《きょうさい》遺跡や半坡《はんぱ》遺跡などには集落を取り囲む環濠の跡が確認されており、これらの環濠は他の集落の攻撃に備えた防禦施設とされることが多い。しかし岡村秀典は、これらの環濠は戦争に対するものではなく、野獣の侵入を防止する、あるいは集落の内外を区画する象徴的な意味をもつものではないかと、慎重な見方を示す。

黄河中・下流域の地域で城壁に囲まれた集落が出現するのは、龍山文化期に入ってからである。こうした城壁は、二枚の板を立て、その間に土を入れてそれを棒などで突き固め、土台が固まったらその上に板を立てて同じように土を突き固めて層を重ねていく版築《はんちく》と呼ばれる技法で造られた。

また、その規模の大きさで近年注目されている石峁《せきぼう》遺跡の城壁は、石垣による石城である。この遺跡は現在の陝西省の北端神木《しんぼく》市に位置し、内モンゴル自治区とも近い。農耕地帯と草原地帯との境界付近に位置していることになる。農耕と牧畜の二つの文化圏の狭間で、文化的な交流の拠点となるとともに、時に激しい対立にさらされたのかもしれない。

こうした武器、戦争犠牲者の人骨、城壁の存在により、黄河中・下流域では龍山文化期には集落が武装し、集落間の戦争が頻繁におこるようになっていたのではないかと考えられるわけである。長江流域では、石鏃の激増や城壁の出現の時期が更にさかのぼることから、岡村氏は、黄河流域の諸地域より早く戦争が頻発する状態に入ったのではないかとしている。

軍権の象徴

接近戦で使われた斧鉞についても見ておこう。まず斧と鉞の違いを確認しておくと、斧が比較的厚手で穿孔がないのに対し、鉞の方はその斧から分化したもので、薄手で円形の穿孔が存在する（図序－2）。

特に鉞はすべての男性が所有できた武器ではなく、指導者の地位を示す武器となっていた。前述の陝西省の北首嶺遺跡では、数十本の骨鏃とともに石鉞が副葬された男性の墓が複数発見されており、それぞれ集落の指導者、あるいは軍事的な指導者であると見られ

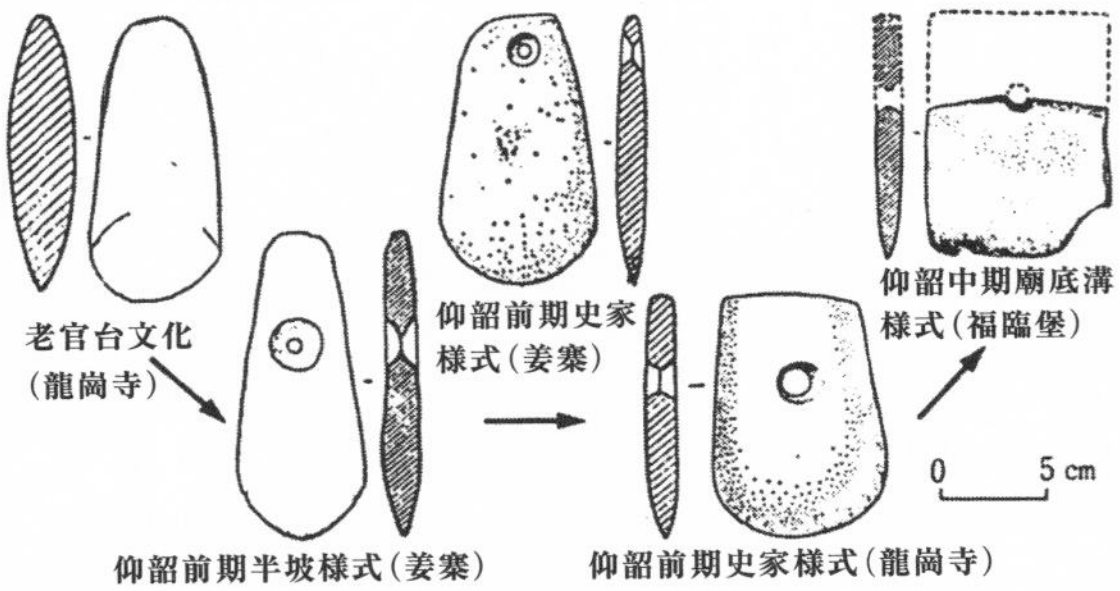

図序−2　石斧から石鉞へ

る。

また姜寨遺跡では八、九歳の男児の墓に石鉞が副葬されており、早い段階で実用の武器から権威の象徴へと転化していたことが知られる。岡村氏は、鉞は接近戦で用いる個人用の武器であるので、個人の権威の象徴に転化し得たのであろうと推測している。

そして石鉞は更に玉鉞へと変化した。長江下流域の良渚《りょうしょ》文化（前三〇〇〇年頃～前一七五〇年頃）や大汶口文化の遺跡、前述の陶寺遺跡の墓地から、ほかの玉器などとともに玉鉞が発見されている。佐川正敏《さがわまさとし》は、玉鉞は玉璧や玉琮といったほかの玉器と同様に首長階層の地位を象徴する祭器となっていたとし、これら首長階層の墓葬より、萌芽的な国家や王が誕生していた可能性を見出す。

殷周時代において鉞は王権あるいは軍権の象徴とされた。たとえば『尚書《しょうしょ》』（『書経《しょきょう》』のこと）牧誓《ぼくせい》及び

『史記』周本紀《しゅうほんぎ》では、周の武王《ぶおう》と殷の紂王《ちゅうおう》との決戦である牧野《ぼくや》の戦いに際して、武王が左手に黄鉞《こうえつ》すなわち黄金で飾られた鉞をつき、右手に白旄《はくぼう》すなわち白い牛の尾の毛の飾りがついた旗をとって将兵をさしまねき、殷征伐の誓言を発したとある（この牧誓の文は第一章で引用する）。この説話自体は殷末周初の同時代のものではないが、鉞が王権や軍権の象徴であるという観念が後世にまで伝えられた例と見なすことができる。

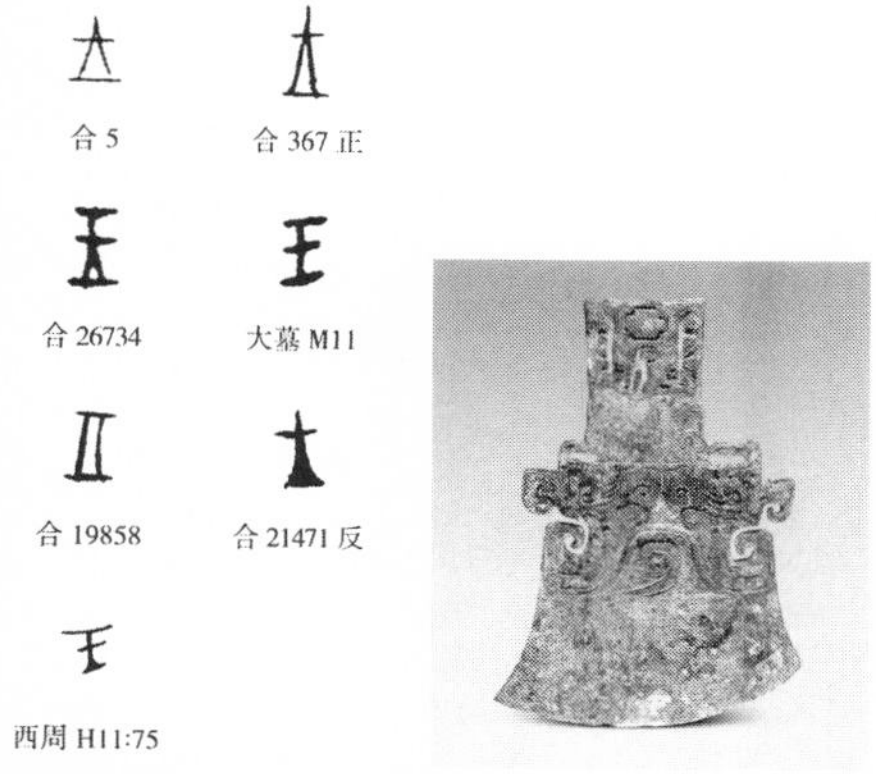

図序－3　甲骨文の「王」字（左）と殷代の銅鉞（右）

甲骨文・金文《きんぶん》（青銅器の銘文）に見える「王」字は、一般に刃の部分を下にした斧鉞を象ったものとされる（図序－3）。著名な文字学者白川静《しらかわしずか》の解釈で知られる字源説だが、中国や台湾でも同様の字源説が提起されており、広く支持されている。というより、白川静の説自体が先行する中国の字源説を承けて発展させたものである。それはともかく、文字学からも斧鉞が王権の象徴とされていたことがうかがえるわけである。

戦争は王のような軍事的指導者を生み出す一方で、奴隷の身分も生み出した。新石器時代の墓葬には殉葬者と見られる人骨が副葬されている例があり、また城壁や建築遺構の基礎の部分に、人柱と見られる人骨が埋められている例も確認されている。彼らは奴隷の身分であり、その奴隷の供給源は戦争の捕虜だったのではないかと考えられている。

後の時代の殷墟《いんきょ》からもこうした殉葬者や祭祀の犠牲とされたと見られる人骨が多数発見されていることはよく知られている。殷墟の場合も戦争捕虜に由来する奴隷の骨であるという見方がなされている。

中国最初の王朝交替

中国の青銅器技術は、近年草原地帯を経由して北方から伝わったのではないかと考えられるようになっている。前述の農耕地帯と草原地帯との境界付近に位置する石峁遺跡からは、青銅器のほか、青銅器を生産するための鋳型も発見されている。

武器については、中原で青銅製の武器が本格的に現れてくるのは二里頭《にりとう》文化（前一七五〇年頃～前一五〇〇年頃）からである。二里頭文化の名称の由来となった河南《かなん》省偃師《えんし》市の二里頭遺跡からは、青銅製の鏃、斧鉞や戈《か》が発見されている。戈は次の殷代で主要な武器となる。

二里頭遺跡では、宮城に囲まれた宮殿区内で複数の宮殿址が発見され、またこれらの王宮での祭祀儀礼に使用されたと見られる玉璋《ぎょくしょう》のような玉器や、爵のような青銅礼器が出土している。

これらをもって二里頭遺跡を都城とした王権あるいは王朝が存在したことが示され、また二里頭文化の年代が中原龍山文化と殷代前期にあたる二里岡《にりこう》文化（前一六〇〇年頃～前一三〇〇年頃）の間に位置することから、中国の学界で二里頭遺跡が文献上の夏《か》王朝の王都であるとされるようになり、日本の学界でもそれが受け入れられるようになっている。

ただ、殷王の系譜の史料となった甲骨文のような文字資料が二里頭文化に属する遺跡から出土しているわけではないので、筆者は二里頭遺跡を都城とした勢力を、文献上の夏王朝とは区別して「二里頭王朝」とでも呼んだ方がよいと考えている。

二里頭遺跡から東に六キロほど離れたところに、二里岡文化に属する偃師商城《えんししょうじょう》が発見されており、河南省鄭州《ていしゅう》市の鄭州商城とともに殷代初期の都城とされている（次章の図1－1上図を参照）。二里頭遺跡と偃師商城との関係については、殷の湯王《とうおう》が二里頭を拠点とする夏王朝を滅ぼした時に、夏の遺民を統治するために偃師商城を造ったのではないかとされている。

二里頭遺跡を拠点とした勢力が夏王朝であるかどうかはともかく、二里頭遺跡と偃師商城が中国最初の王朝交替の場となったはずである。しかし現在のところ、二里頭遺跡の周辺で大きな戦いがあった痕跡は確認されておらず、王朝交替によって二里頭の都城が陶寺遺跡のように破壊されるということもなかったようである。

二里頭文化は四期に区分されるが、最後の第四期は二里岡文化すなわち殷代前期と重なっている（二里頭文化と名称が紛らわしいが、鄭州商城の南東で発掘された二里岡遺跡がその命名の由来となっている）。しかし二里頭遺跡の建築遺構のうち六号宮殿などは第四期になって初めて建てられ、青銅器や緑松石の工房でも生産が続けられたということである。これについては、後に周の武王が殷を滅ぼした際に紂王の子の武庚禄父《ぶこうろくほ》に商邑を治めさせたのと同様の措置がとられたとか、征服者の殷が工房を接収したのであるとか、いくつか推測がなされているが、いずれにせよ「二里頭王朝」の民がそのまま生活を続けたと見てよいようである。

第一章　殷王朝　旬に憂い亡きか

謀臣伊尹《いいん》の輔佐を得て殷王朝を立てた湯王《とうおう》、女ながらに軍を率いて戦ったとされる王妃婦好《ふこう》、「酒池肉林」の暴君紂王《ちゅうおう》の話などで知られる殷王朝。しかし後の秦漢王朝とは異なり、殷は「中国」全土を中央集権的に支配する国家ではなく、支配範囲も狭いものであった。その殷王朝の戦いを、考古学の成果に加えて卜占の記録である甲骨文から読み解いていこう。

【年表】
前一六〇〇年頃？　殷王朝の創始
前一三〇〇年頃？　殷墟への遷都
前一〇〇〇年代後半　牧野の戦い（第一次克殷）

【人物】
武丁　婦好　紂王　文王　武王

第一節　干戈を動かす

大都無城

「二里頭王朝」に取って代わった殷の初期の都城が、偃師商城と鄭州商城ということであった（図1－1上）。鄭州商城からは、祭祀儀礼に用いられた鼎や爵、あるいは武器にあたる鉞や戈《か》といった青銅器が発見されている（図1－1下。青銅の武器については後文を参照）。

こうした出土物に示される殷の青銅器文化は、二里岡文化期（殷代前期）に鄭州商城から、後の周の拠点となる関中《かんちゅう》盆地、後の楚の勢力範囲となる江漢《こうかん》地区、更には四川《しせん》盆地など、各地に強いインパクトをもって拡散し、浸透していった。中国古代史研究者の浅原《あさはら》達郎《たつろう》はこれを「二里岡インパクト」と呼んでいる。

このインパクトが発生した地域が、殷の勢力が直接・間接に及んだ範囲ということになる。殷文化の拡散、すなわち殷王朝の勢力膨張は、第二十二代の殷王武丁《ぶてい》の時代には完了し、以後は武丁の時代の前線が殷末まで保たれた。武丁は、『論語』憲問《けんもん》に「高宗諒陰《こうそうりょうあん》三年言《ものい》わず」、すなわち父親の喪に服して三年の間ものを言わなかったという話で知られる

主な都城

鄭州商城南順街窖蔵出土青銅器

図1−1　殷王朝の都城と出土青銅器

人物である（文中の高宗とは武丁を指す）。宮城谷昌光《みやぎたにまさみつ》がこれに着想を得て「沈黙の王」という短篇を書いている。武丁は殷の中興の祖とも最盛期の王とも位置づけられる。

『史記』殷本紀によれば、殷王朝は第十九代盤庚《ばんこう》の時代までに五度都を遷したとある。都城の遺跡としては、偃師商城・鄭州商城のほか、鄭州近郊の小双橋《しょうそうきょう》商城、河南省安陽《あんよう》市の殷墟、そして同じく安陽市の洹北商城《かんほくしょうじょう》が発見されている（図1－1上）。

殷墟は、王宮・宗廟《そうびょう》の跡と見られる建築遺構や甲骨が発見された宮殿宗廟区と、大型墓が発見された王陵区（西北岡《せいほくこう》）の二つの区域から成る。かつては、殷墟は盤庚の遷都した所とされていたが、一九九九年に洹北商城が発見されると、ここが盤庚の都で、武丁の時代に殷墟に遷ったと考えられるようになった。洹北商城では建築遺構の地層から焼土塊が発見されていることにより、大きな火災の発生によって廃棄され、殷墟に遷ったのではないかと推測されている。

中国の都城は一般的に宮殿区を取り囲む内城（小城）と、居住区なども含めて都市全体を取り囲む外郭（外城、大城）の二つの城壁から成るとされている。偃師商城・鄭州商城が内城外郭を具える一方で（図1－2）、殷墟に城壁が確認されないことがこれまで問題とされてきた。

これについては、城壁の遺構がまだ発見されていないだけで実際は存在したのであるという考え方がある。また東洋史学の大家宮崎《みやざき》市定《いちさだ》は、城壁が存在しないことを不審としたのか、殷墟は殷王朝の墓地ではあっても都城とは認めがたいと主張した。

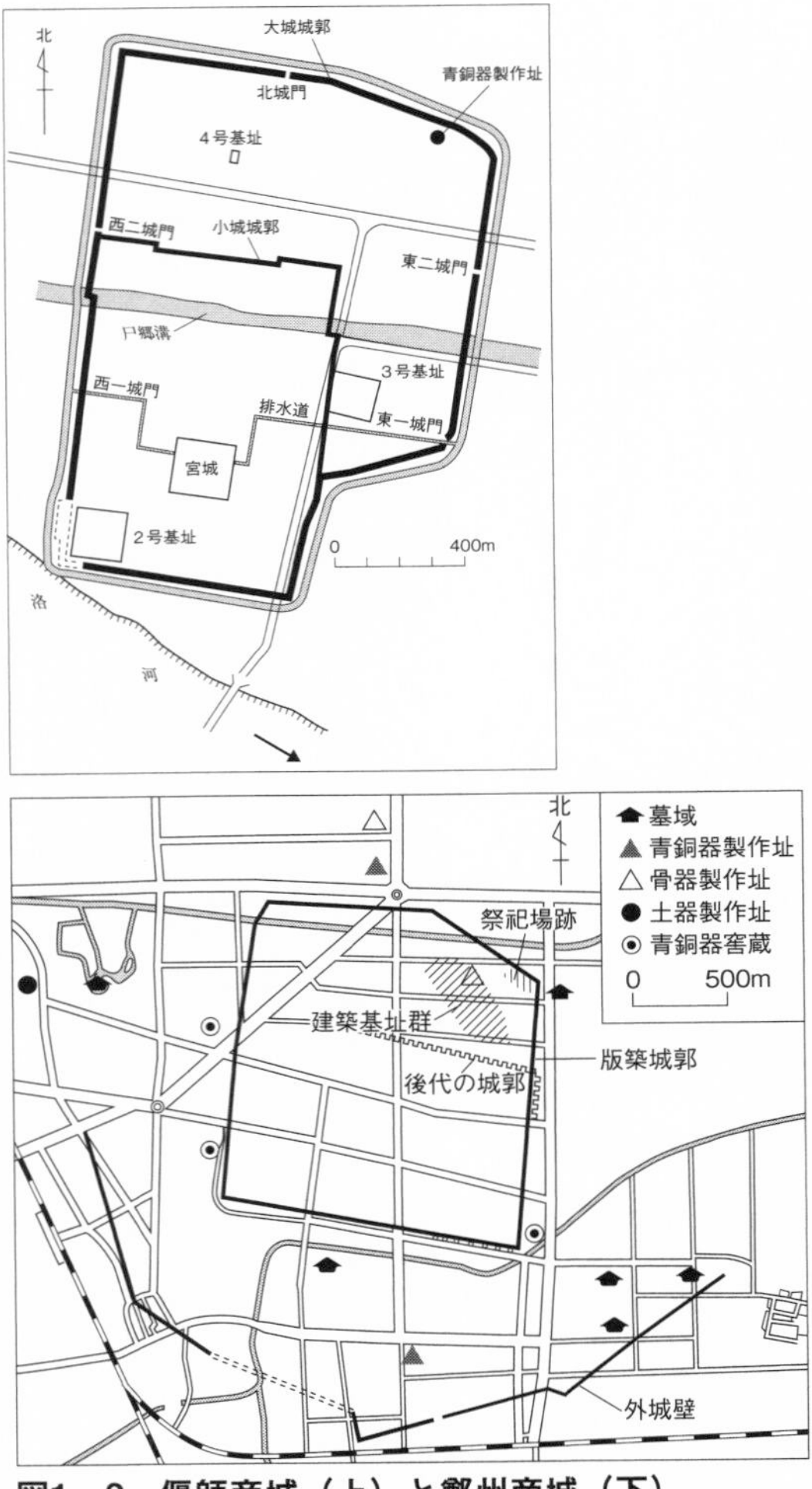

図1－2　偃師商城（上）と鄭州商城（下）

こうした城壁の有無について、中国の考古学者許宏《きょこう》は近年新たな考え方を提示している。彼は殷墟のみならず、殷以前の二里頭遺跡や西周の都城の豊鎬《ほうこう》遺跡と洛邑、更に殷の都城でも小双橋遺跡には、外郭あるいは内城と外郭の双方が確認されていないことにより、中国古代の都市は外郭を具えていないのが常態だったのではないかという「大都無《だいとむ》城《じょう》」説を主張したのである。

そして殷墟の場合は、その周囲を広く取り囲むように配置されている各氏族の邑が防衛の役割を担っていたと考えている。武田信玄《たけだしんげん》の「人は城、人は石垣」にも通じる発想かもしれない。許宏は外郭のかわりに防衛の役割を担った区域を「郭区《かくく》」と呼んでいる。

許宏は、都城が城郭をともに具える二里岡文化期と春秋・戦国時代は古代の都城の歴史の中では例外的な時代であり、軍事的緊張の高まりによって城郭の双方を具えることになったのであると主張する。実のところ「大都無城」説は試論的な性格が強く、殷墟に城壁がない意味は更なる検討の必要があるが、少なくとも城壁がないから都城ではないのではないかという単純な議論は通用しにくくなっている。

殷王朝と方国

それらの都城を中心とする殷王朝の支配領域、そして殷を取り巻く世界を、同時代の文

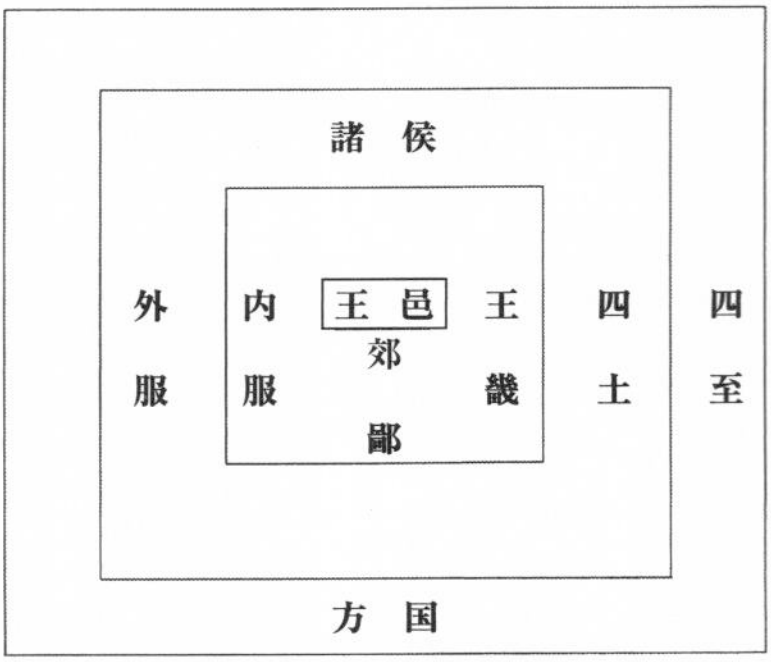

図1―3　殷代内服・外服概念図

字資料である甲骨文から読み解いてみよう。甲骨文は殷代後期の武丁の時代以後の卜占の記録が大半を占めるが、当時の政治や軍事に関係する記述もたくさん見られる。

甲骨文では、殷の王都を指して「王邑」「大邑商《だいゆうしょう》」「天邑商《てんゆうしょう》」などと呼んでいる。「天邑商」は「大邑商」と同義とされる（「天」は「大」に頭部を加えた字で、「大」字と通用する）。「大邑商」とは「大なる商邑」ということである。中国で殷王朝のことを商王朝と呼ぶのは、その都城の名を採ったものである。

殷王朝の支配領域はこの大邑商を中心にして広がっていた。大邑商の外側には、殷王朝が直接支配する区域が広がる。ここには王族などが領有する小規模な邑が置かれ、そうした氏族の族長が官吏となって王朝の運営に参加した。この区域を後世の用語によって王畿《おうき》とか畿内《きない》、内服《ないふく》と呼ぶ。この王畿が殷王国の直轄地ということになる（図1―3）。王畿は、都城を中心とする首都圏のようなものとして理解できるだろう。

古代の日本も中国の王畿の概念を取り入れて都の周辺の区域を畿内と呼称した。現在でも「近畿地方」という地方名でその名残を留めている。

王畿の外側には、方国《ほうごく》と総称される国々が盤踞している。方国には殷王朝成立以前からその地を支配していたものや殷王朝とは無関係に成立したものもあれば、殷王によって王族や臣下を首長として建てられたものもあると見られる。方国の中には殷王朝に服属するものもあれば敵対するものもあった。殷王朝も方国のひとつであり、かつ最も勢力が強大なものであった。

そのうち殷に服属する方国の首長が侯や伯と称され、諸侯として扱われた。彼らの領土が王畿を取り巻き、外敵から殷王朝を守る役割を担うこととなった。この侯や伯の領土が広がる区域を、やはり後世の用語で畿外《きがい》あるいは外服《がいふく》と呼ぶ。

外服は殷と敵対する方国と接する最前線ということになり、要衝に王朝の軍事拠点が置かれることもあった。たとえば新型コロナウイルスの発生で知られることとなった湖北省《こほく》武漢《ぶかん》市の黄陂《こうは》区にある盤龍城《ばんりゅうじょう》遺跡は、前線に近い土地に配置された諸侯の都城、あるいは殷の軍事拠点だったのではないかとする見方がある。そしてこのような畿内・畿外の制は西周にも受け継がれた。

殷王朝にとっての方国とは、後代の漢王朝にとっての匈奴、あるいは現代の日本にとってのアメリカや中国と同様に、基本的には外国、外部勢力である。その中の一部に殷の属国となる勢力や、殷が建てた方国が存在するということになる。

殷と敵対した方国としては、たとえば以下に引く1の甲骨文に見える土方《どほう》や𢀛方がある（以下、本章で引用する甲骨文には番号を振る）。

1　癸巳《きし》卜《ぼく》す、㱿貞《かくと》う、旬に𡆥亡《うれいな》きか。王占いて曰く、「祟り有り、其れ来艱《らいかん》有らん」と。迄《つい》に五日丁酉《ていゆう》に至り、允《まこと》に来［艱］有りて、西［自りす］。沚𢦔告げて曰く、「土方、我が東鄙を囲み、二邑を翦《せん》せり。𢀛方も亦た我が西鄙の田を侵《おか》せり」と。（合集六〇五七正）

（癸巳の日に卜占を行い、㱿が問う、この十日の間に悪いことがおこらないだろうか。王が卜兆を見て言うには、「祟りがある、災いがやってくるだろう」結局五日目の丁酉の日に、本当に西から災いがやってきた。沚𢦔が報告して言うには、「土方が我が東辺の土地を包囲し、二つの邑を殲滅しました。𢀛方もやはり我が西辺の田地に侵入しました」）

ここでは土方と𢀛方がそれぞれ殷の東方と西方の土地に侵入し、そのことを沚𢦔という人物が殷王に報告したことを記録している。

このうち𢀛方については、中国の古文字学者趙平安《ちょうへいあん》は「曷方《かつほう》」と読み、後の五胡十六国の「五胡」のひとつに数えられる羯《けつ》につながる勢力であると解釈している。報告者の沚戠は後代の将軍のような立場で、殷と敵対する方国との戦争に従事した人物である。甲骨文にはやはり方国として沚方という勢力が見え、その首領であるとされる。沚戠はまた「伯戠」とも称されており、殷に服属する諸侯となっていたことがわかる。

無論こうした服属・敵対関係は固定的であったわけではなく、殷と方国との関係が時期によって変化する場合もあった。実は沚方がその一例であり、殷と敵対していた時期もあった。殷に服属する方国は沚戠のように何らかの形で殷王朝に奉仕することになるが、敵対する方国は当然殷王朝からは完全に独立している。

1の文の冒頭に見える「旬に囚亡きか」は、甲骨卜辞の常套句であり、「囚」字は「憂《うれ》い」もしくは「禍《わざわ》い」と解釈される（本書では「憂」と読む説を採る）。方国の侵略は殷王朝の「憂い」のひとつであった。

方国の総数は、研究者によって数え方が異なるが、たとえば中国の甲骨学・殷代史研究者の孫亜氷《そんあひょう》は、金文や後代の文献に見えるものも含め、合計百五十八の方国を挙げている。

干と戈

それでは殷と方国との戦いにはどのような兵器や戦法が用いられたのだろうか。殷代の軍事に関する資料には、文字資料の甲骨文や金文《きんぶん》（青銅器の銘文）に加えて、殷墟などの遺跡から出土した武具類や車馬のような実物資料がある。これらの資料から殷代の戦法・兵種・兵制などが読み取れる。そして殷代の戦法や兵種などが西周以後の時代にも受け継がれ、発展していくことになる。

まずは武具類から見ていこう。この時代には、青銅製の斧鉞・弓矢・戈・矛・刀といった武器のほか、甲冑や干《かん》（手持ちの小型の盾）のような防具も使用されていた。

このうち甲《よろい》は皮製の短甲の痕跡が発見されている。甲そのものは地中で腐ってしまったが、表面に漆で塗られた紋様の跡が残されていたのである。冑《かぶと》は皮製のものの痕跡のほか、獣面紋（饕餮紋《とうてつもん》）などがついた青銅製のものが発見されている（図1－4の5を参照）。干についてもその痕跡が発見されており、木で方形の枠を作って表面に皮を張り、漆で紋様や絵が描かれたとされている（図1－4の6）。

武器の中で主要なものは戈である。刃の部分を柲《ひつ》と呼ばれる木の柄に取り付けて使用する（図1－4の1～2）。矛の場合は刃を柄の先端に水平方向に取り付けるが（図1－4の3）、戈は刃を直角方向に取り付ける。戈は殷代以後も中国古代を通じて主要な武器とし

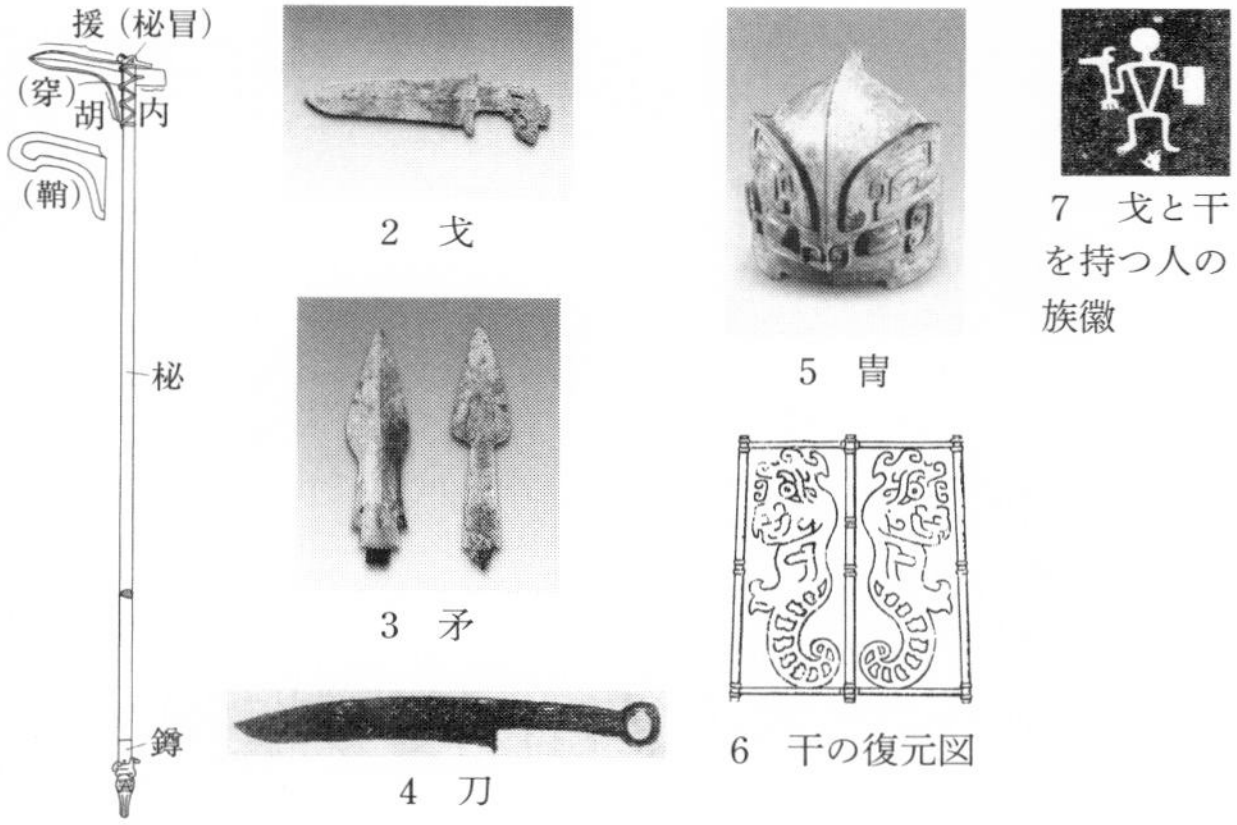

1　戈の部分名称
2　戈
3　矛
4　刀
5　冑
6　干の復元図
7　戈と干を持つ人の族徽

図1－4　殷代の武具

て使われ続けることになる。

殷代の金文に見える族徽《ぞくき》（氏族や職掌などを示す紋章のようなもの）などを参照すると、戈を使用する場合は右手に持ち、左手には干を持つという具合に、戈は片手で使用し、防禦用の干と併用されたようである（図1－4の7）。この二つを合わせた「干《かん》戈《か》」という言葉が後世に武具の総称、あるいは戦争を指す語として用いられるようになり、「干戈を動かす」「干戈を交える」といった言い回しがなされるようになった。

考古学者の林巳奈夫《はやしみなお》によれば、戈の形状と使用法は時期によって変化があった。殷代中期には戈は敵を突いて自分の方に引き倒すという具合に使用された。殷代後期になると、甲冑が発達したことにより、刃に胡と呼ばれる部分が加わった（図1－4の2で挙げたものは胡が加わる前の段階のものである）。戈は「援」の部分で敵を刺すとともに、「胡」の部分で短甲と冑で守られていない首や肩などを斬りつける武器になった。

遠距離からの攻撃には弓矢を用い、接近戦では、まず戈や矛で渡り合い、相手にとどめを刺して首を斬ったり、緊急の際に身を守るのに刀（図1－4の4）を用いるといった具合に武器の使い分けがなされていたと想定されている。

殷代と西周時代には、ごく少数ながら隕鉄《いんてつ》（隕石から得られた鉄）を利用して作られた武器も発見されている。中国最古の鉄鉱石からの製鉄による兵器としては、西周末期から春秋初期、すなわち周の東遷《とうせん》の前後の時期の河南省三門峡《さんもんきょう》市上村嶺《じょうそんれい》の虢国《かくこく》墓地から銅柄《どうへい》（柄《え》の部分が青銅製）の鉄剣や鉄刀が発見されている。しかしそこから急速に兵器が銅製から鉄製に切り替わったわけではない。銅製の兵器は漢代に至るまで相当数が用いられ続けることになる。

西方からもたらされた戦車

殷代の兵種については、中国の甲骨学・殷代史研究者の羅琨《らこん》が歩兵、弓兵、そして戦車を使用する車兵などに分類している。戦車というのは無論戦闘用の馬車ということだが、この戦車と馬、あるいは馭者と見られる人を埋葬した車馬坑《しゃばこう》が殷墟などから発見されている（図1－5）。

弓兵については、たとえば軍事に関する甲骨文に指揮官が「三百射」とか「多射」を率いるという記述が見えることから、弓兵にあたるものが存在したことがわかるわけである。

ただ、歩兵に関しては甲骨文ではその存在を示す明確な記述は存在しない。次の西周期になると、金文に「徒馭《とぎょ》」という表現がしばしば現れ、「徒《と》」すなわち歩兵と「馭」すなわち戦車の馭者・車兵が対になって扱われている。殷代にも「徒」にあたるものが存在したと見てよいだろう。

図1－5　殷代の車馬坑（安陽郭家荘車馬坑M52）

また西周後期の金文禹鼎《うてい》（集成二八三三～二八三四。この銘文については次章で詳しく紹介する）には「戎車《じゅうしゃ》百乗《じょう》・廝馭《しぎょ》二百・徒千」（戦車百両・車兵二百・歩兵千）とあり、おおよそ車兵二人、歩兵十人が割り当てられていたことがわかる。殷代の車馬坑の場合は、戦車一両につき馬二頭、人間一人が埋葬されるというパターンが最も多いとのことである。

図1−6
2の甲骨文

後の東周の制度では、戦車は三人乗りで、中央に馭者、右側に戈や矛を持った兵員、左側に弓矢を持った兵員が搭乗し、弓矢を持つ者が車の主人とされる。殷代や西周の戦車も同様に三人乗りと考えるのが一般的であるが、殷代の戦車の輿《よ》（人が乗る部分）は大きなもので幅一・二〜一・七メートル、小型のもので一メートル前後であり、小型の輿は二人乗りだったのではないかとする見解もある。

馬車は一般にオリエントから中央アジアを経て中国に伝わったとされている。かつ、馬車には四輪車と二輪車の二種があるが、中国で導入されたのは基本的に二輪車であった。二輪車は四輪車に比べ、安定性に欠けるが、車体の軽さからスピードが出しやすく、旋回が容易で、機動性の面から戦車に適しているとされる。

2　……甲午《こうご》、王、往《ゆ》きて兕《じ》を逐《お》うに、小臣由《しょうしんゆう》の車馬、王の車に硪甹し、子央《しおう》もまた墜《お》つ。（合集一〇四〇五正。図1−6）

（甲午の日に、王が田猟《でんりょう》に行って犀を追っていると、小臣由の馬車が王の乗車に衝突し、子央も乗

車から転落した）

馬車は戦争のほか、通常の乗車や田猟（狩猟）にも用いられたが、ここに引いた2の文では、田猟の最中におこった馬車の事故を記録している。安定性に欠けるという二輪車の欠点がこうした事故の発生につながったのだろう。

馬車はいつ頃から中国にもたらされていたのだろうか。二里頭遺跡の宮殿区や殷代前期の偃師商城の道路状遺構に轍《わだち》の痕跡が確認されているということなので、早い時期から中国に伝わっていたのだろう。

ただし、羅琨によると殷代には戦車は貴重品であってまだそれほど広く用いられておらず、戦力としては歩兵が主役であったという。特に殷代前期には戦車の用途は戦争の指揮官の乗車、通信や運輸の手段などに限られており、戦力というよりは王や有力者の権威を示す象徴として扱われていた。そして殷墟期すなわち殷代後期に至ってようやく車兵として戦闘に用いられるようになったというのである。

久慈大介《くじだいすけ》は馬そのものに注目し、馬の本格的利用は殷代後期より始まったとする。そして殷代の馬骨の出土地点がほぼ殷墟に限られていることから、殷代後期の馬は中原地域に自生していたものではなく、殷王朝が主体となって中国北方の草原地帯から輸入したものであり、馬の管理や利用を国家が独占していたのではないか、更には草原地帯の東端部に位置する黄河以北の殷墟の地に王都が置かれたのも、草原地帯からの馬の入手ルートを確保するためではなかったかという見通しを示す。

殷代に騎兵は存在したか

馬といえば、通常中国で騎兵が導入されたのは戦国の趙《ちょう》の武霊王《ぶれいおう》による「胡服騎射《こふくきしゃ》」以後のことであるとされる（これについては第四章で取り扱う）。それ以前は戦場での馬の利用は戦車に限られていたということだが、実は殷代に騎兵が既に存在したのではないかという議論がある。

殷墟の王宮跡とされる宮殿宗廟区で発掘された一六四号墓がまずその根拠とされる。この墓には人間のほか、馬一頭と犬二匹が合葬され、被葬者が生前に用いたと思しき弓矢などの武具類が副葬されていた。これを騎兵の墓であり、犬を猟犬と見る説がある。ほかにもいくつか類例となる墓葬が発見されている。

甲骨文では、たとえば指揮官に「三十馬」を率いさせて羌《きょう》と呼ばれる人々を捕獲させるか否かを問うたものがあり、この「三十馬」が騎兵三十を指しているという見方がある。

ただ、甲骨文中の「馬」は騎兵ではなく戦車に用いる馬の管理官ではないかという有力な説もある。騎兵の墓とされるものも、こうした馬の管理官や車兵の墓の可能性もある。殷代に騎兵が存在したか否かを示すには、更なる発見と研究が必要という状況である。また、仮に騎兵が存在したとすれば、今度は騎兵が廃れて趙の武霊王の頃に再導入された経緯を明らかにする必要が生じることになる。

軍隊と徴兵

甲骨文を参照すると、殷代の軍隊の編制について触れたものがある。中国の甲骨学研究者李発《りはつ》によると、甲骨文の記載から殷代の軍隊を指す呼称として「師《し》」「旅《りょ》」「族《ぞく》」の三種が確認されるという。以下、彼の解説を参照しつつ殷の軍隊について見ていこう。

3　丁酉《ていゆう》貞う、王、三師の右・中・左を作らんか。（合集三三〇〇六。図1－7）
（丁酉の日に問うた、王は右師・中師・左師の三師を編制すべきだろうか）

図1－7
3の甲骨文

3の甲骨文は、殷王が右・中・左の三つの「師」の編制を行うことについて問うたものである。三を単位とする編制は、三軍・三行のように春秋期の諸侯国でも見られる。「師」は軍隊の汎称であり、殷王あるいは貴族の常備軍であるとされる。甲骨文では殷王の師を示す「王の師」「我が師」といった言葉が見える。貴族の師としては、それぞれの貴族の名を冠した「𠂤の師」「雀《じゃく》の師」などが見える。

ただし「師」の兵員の充当が志願によったのか、兵士の職が世襲されるものだったのか、徴兵によったのか、詳細はわからない。

ついで「旅」である。

4　辛巳《しんし》卜す、□貞う、婦好《ふこう》に三千を𠬝し、旅万を𠭰し、呼びて□［方］を伐たしむるに、［有祐を］受けんか。（英蔵一五〇）

（辛巳の日に卜占を行い、□が問うた、婦好に三千の兵を与え、旅として一万人を徴集し、□方を伐たせるのに、神霊の加護が得られるだろうか）

この4では、まず殷王武丁の妃の婦好に三千の兵を与えることに言及している。軍隊の規模は数百、数千、時に一万にのぼった。この文ではまた「旅万を𠭰し」とあり、「旅」

に充てる兵員の徴発について述べている。「旅」については徴兵が行われたようである。

また他の甲骨文から、「旅」に「右旅」と「左旅」があったこと(「中旅」は甲骨文に見えないが、おそらく存在しただろう)、更に「旅」の兵員として「衆《しゅう》」と呼ばれる人々が充てられていたことがわかっている。「衆」とは「民衆」の「衆」、すなわち平民・自由民を指すとされる。つまり「旅」とは職業的な兵員ではなく平民から成る軍隊である。李発は、「旅」とは有事の際に臨時に徴発される民兵のようなものであるとしている。「軍旅」「旅団」という語に示されるように、「旅」はもともと軍隊を示す字であった。

最後の「族」は王や貴族の族兵であり、それぞれの氏族の成員やその領民から成る軍隊であるとされる。李発によると、「族」は「師」とは異なって常備軍ではなく、その兵員は平時には農耕や訓練に励み、有事に召集されて出征するという。

こうした軍隊としての「族」として、甲骨文には「王族」や「子族《しぞく》」が見える。「王族」は王室の族兵、「子族」は貴族の族兵である(本書ではカギ括弧付きの「王族」を王室の族兵のこととし、カギ括弧がつかない王族を王の一族、王室の人々の意味で用いる)。

甲骨文には「子画」「子商」、後文で登場する「子漁」など、「子」を冠した有力者の名前が多く見える。彼らの身分については殷の王子、殷王の同族、あるいは単に氏族の族長を指すなど諸説あるが、ここでは王子や王族なども含めた氏族の族長と見ておくことにする。周の時代に殷王の子孫とされる宋の君主が子姓を称しているのは、これに由来するとされる。また五等爵の「子爵」の由来であるともされている。

5　己卯《きぼう》卜す、𠂤貞う、多子族《たしぞく》に命じて犬侯《けんこう》と比《とも》に周《しゅう》を撲《ぼく》せしむるに、王事に堪《た》えんか。五月。（合集六八一二正）

（己卯の日に卜占を行い、𠂤が問うた、多子族に命じて犬侯とともに周を攻撃させるのに、王命を遂行することができるだろうか。五月）

5では、「多子族」に諸侯の犬侯とともに周（おそらくは後に王朝を建てる周であろう）を攻撃させるか否かが問われている。「多子族」とは、複数の「子族」から成る軍隊である。まとめると「師」が常備軍、「旅」は臨時に徴発される民兵、「族」は王や各氏族に属する私兵ということになる。正規軍としての「師」という呼称は周王朝の正規軍である「六《りく》師《し》」「八《はっ》師《し》」に受け継がれていく。

戦う王妃たち

前項で引用した4の甲骨文では、武丁の王妃である婦好に兵を与えて方国を伐たせることを問うていた。これ以外にも婦好と軍事との関わりを示す甲骨文が多く存在し、彼女は「戦う王妃」として知られる。更に一九七六年に殷墟小屯《しょうとん》村の西北でこの婦好の墓が発見されたことで、その存在がより強く印象づけられることとなった。

しかし実のところ、殷代に戦争に出征した女性は彼女だけではなかったようである。甲骨文には婦好のほか、婦姘《ふけい》の出征を問うたものも存在する。婦姘も婦好と同様に武丁の妃とされる。

女性の墓の副葬品に注目すると、殷墟、そして殷末周初の時期の山東省《さんとう》前掌大《ぜんしょうだい》遺跡、西周前期の陝西省少陵原《しょうりりょうげん》遺跡では、女性の墓に戈や鏃などの武器が副葬されている。特に前掌大遺跡と少陵原遺跡では、婦好のように高い身分の者だけではなく、下層の貴族や平民の女性にも武器が副葬されている。これにより、殷代から西周の前期にかけて、婦好のような「女性司令官」だけでなく、女性の兵士も存在したのではないかという見方がある。

ただ、武器の副葬が必ずしも女性が出征したことを示すわけではなく、魔除けなど別の意味があったのではないかという批判もある。

そこで女性の出征を示す別の角度からの資料として、中国古代史研究者の籾山明《もみやまあきら》は安陽小屯一八号墓の副葬品に注目する。この墓は婦好墓の近隣に位置し、墓葬の年代も同時

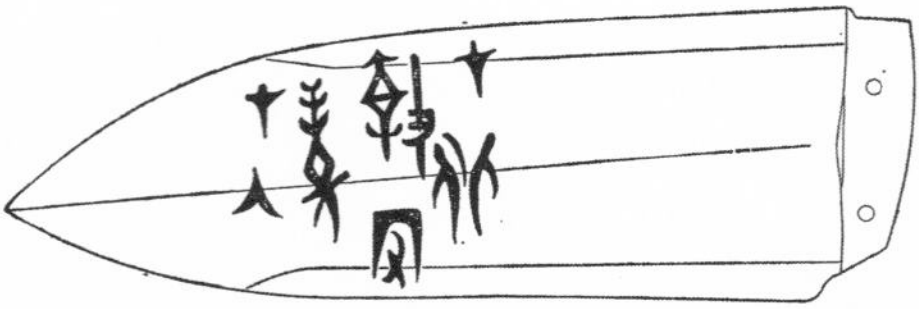

図1−8　安陽小屯一八号墓出土玉戈朱書模本

期とされる。被葬者の骨格の保存状態は悪く、性別の正確な判定はできないが、残存する歯の大きさや下顎骨の形から、女性のようであり、年齢は三十五~四十歳程度であると推定されている。

この墓からは銘文として「子吉母《しきつぼ》」「子漁《しぎょ》」「囲侯《いこう》」といった名号や族徽を有する青銅器が発見されている。被葬者のほか、様々な近親縁者の青銅器が副葬されているわけだが、被葬者が女性なら「子吉母」、男性なら「子漁」がその名ということになるだろう。両者はおそらく夫婦、母子、姉弟などの関係にあり、ともに殷の有力な氏族の出身ということになる。「子漁」に関しては甲骨文にもその名が見える。

そして武器に関しては銅戈・銅鏃・玉戈・玉鉞が発見されており、玉戈の残片には「在兆執更〓才入」の七文字が朱書されていた（図1−8）。本来は文章が前後に続いていたようで、文意が取りにくいが、陳絜《ちんけつ》の解釈に沿って、「兆に在り、更〓を執《と》らえ、才（茲《ここ》）に入《い》る」（兆の地で更〓を捕らえ、ここに戦果を献上する）と読んでおく。「兆」は戦地、「更〓」はおそらく敵方の首領の名前であり、玉戈の文章は被葬者の軍功の記録であった可能性がある。

籾山氏は、女性の出征は王族のような高い身分の者に限られていたのではないかと考えているが、殷周時代の「戦う王妃たち」の実像を明らかにするには、更なる資料の増加に俟《ま》つほかないようである。

第二節　殷王朝の落日

処刑された方伯

方国との戦争に関する甲骨文は武丁の時代のものに多く見え、その後は武丁の子の祖《そ》庚《こう》・祖甲《そこう》を経て稟辛《りんしん》・康丁《こうてい》の時代以後再び増加していき、最後の帝乙《ていいつ》・帝辛《ていしん》（紂王《ちゅうおう》）の二代に至る。

殷末の時期に殷と敵対した主要な方国に人方《じんぽう》と盂方《うほう》がある。それぞれ甲骨文、あるいは金文に殷王が親征したことが見える。このうち人方は、あるいは「尸方」と読まれ、「夷方」と解釈されて周の時代の東夷《とうい》や淮夷《わいい》など「蛮夷」の「夷」と関係づけられることもある。古文字では「人」も「尸」も人間を側面から見た形をかたどった字であり、「尸」字は金文では「夷」字のかわりに用いられる（図1－9の1～2）。

1　甲骨文の「人」字

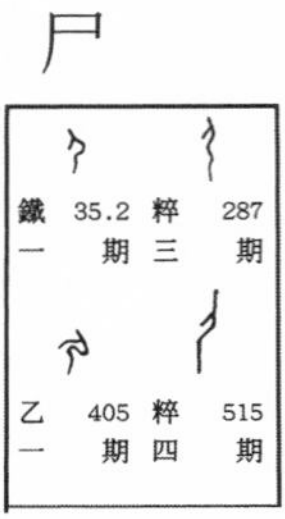

2　甲骨文の「尸」（夷）字

3　人頭刻辞（拓本）

4　人頭刻辞（復元模本）

図1－9　人方関連甲骨文

6　癸巳卜す、貞う、王、旬に𡆥亡《うれい》きか。二月に在り、斉師《せいし》に在り。隹《こ》れ王、来たりて人方を征す。（合集三六四九三）

（癸巳の日に卜占を行い、問う、王にこの十日間に悪いことがおこらないだろうか。二月、斉の駐屯地にて。王が到来して人方を征伐した時のこと）

6の甲骨文では人方へと親征した王が斉の駐屯地に所在しているが、この「斉」というのは西周の諸侯国で太公望《たいこうぼう》を始祖とする山東省の斉と同地とされる。人方は殷墟を拠点とする殷から見て東方の勢力であるとされている。

残片で通読が困難であるが、「王其呼……延執冑人方虣、焚……弗悔」（合集三六四九二）

は、この人方の首領を捕らえて焚刑に処すことを記録したものと解釈できる。敵対した方国の首領には過酷な処罰が下されたり、人牲として殷の祖霊に捧げられることもあった。

これも残片であるが、「……方伯《ほうはく》……祖乙《そいつ》伐……」（合集三八七五八）は、方伯、すなわち敵対した方国の首領を祖乙など殷王の祖霊への供物として捧げたものと解される。「方伯」の上に「人」字が欠けており、人方の首領を指すとする説もある。そしてこの字句は人間の頭骨に書かれたものであり、敵兵か、あるいは方伯自身の頭骨の可能性もある（図1－9の3～4）。

殷末にはほかにも、田猟で得たと思しき鹿のような動物の頭骨に、その時の田猟のことなどを刻んだものが存在する。人頭骨の刻辞もそうした記念碑のようなものと位置づけられる。

人頭骨の刻辞にある「方伯」とは、諸侯の旗頭に与えられる称謂である。「……隹《こ》れ王、来たりて盂方伯炎《えん》を征す」（王が到来して盂方伯の炎を征伐した）（合集三六五〇九）とあるように、やはり殷王の親征の対象となった盂方の首領も「方伯」である（「炎」とはその名である）。そして殷王朝を倒す周の君主も、陝西省の周原《しゅうげん》遺跡で発見された周の甲骨文によれば、「周方伯」と呼ばれている。

人方、盂方との戦いは殷の勝利に終わった。一般的には、長年の方国との戦争で殷も疲弊し、それが王朝の滅亡へとつながっていくとされるが、それとはやや違った見方もある。甲骨学・殷代史研究者の落合淳思《おちあいあつし》は、以下のように状況を整理している。

廩辛・康丁の時代からの対外戦争の再発と、それによる殷王朝の支配体制の動揺を承け、殷末の王は軍事力の強化と祖先祭祀の徹底によって対外・対内両面で王権の強化を進めた。そして軍事力の強化が功を奏して人方征伐に成功し、その威勢により王権が更に強化された。

しかしこうした殷王の集権化政策は、それまで殷に服属していた勢力の反発を引き起こした。彼らの目には王権の強化が自分たちへの圧制であると映ったのだろう。盂方も殷に反発した方国のひとつであり、盂方の反乱は何とか鎮圧できたものの、おそらくはその後も服属勢力の離反が相次ぎ、最終的に周の攻撃により殷が滅亡した。つまり危機への対処が逆に殷王朝の滅亡を招いたと見ているのである。

克殷前夜

それではその周による殷王朝の打倒、すなわち克殷《こくいん》について見ていくことにしよう。

甲骨文において、周は「周方」と称され、𢀛方や土方と同じような方国のひとつであった。その君主は「周侯」と呼ばれ、殷王朝からは諸侯として扱われていた。その一方で5

の甲骨文にあるように殷の征伐の対象となることもあったわけだが、これは沚方の場合と同様に殷と敵対した後に服属したと見られる。そして殷王の妃として、周の出身と思しき「婦周《ふしゅう》」という名前が見え、殷と周は通婚の関係にあったようである。

その周がどのような事情で殷と対立するに至ったかは、甲骨文・金文のような同時代史料からはよくわからない。後代の文献をひもとくと、古本《こほん》『竹書紀年《ちくしょきねん》』には、殷王の文丁《ぶんてい》が周の文王《ぶんのう》の父親にあたる季歴《きれき》を殺したとある。

『史記』殷本紀《いんほんぎ》及び周本紀《しゅうほんぎ》によると、その文王は九侯《きゅうこう》・鄂侯《がくこう》とともに暴君として知られる紂王に三公として仕えていた。しかし文王以外の二人は紂王によって殺害され、九侯の遺体は醢《かい》（塩づけ）に、鄂侯は脯《ふ》（ほし肉）にされてしまった。文王がこれを憂えて嘆息したところ、崇侯虎《すうこうこ》という人物によって紂王に密告され、羑里《ゆうり》に幽閉された。羑里は殷墟のあった安陽にほど近い河南省湯陰《とういん》県の北に位置していたとされる。こうした話には周が殷王による王権強化の犠牲となったことが反映されているのかもしれない。

『史記』によると、その後周の臣下が紂王に贈賄を行ったことで文王は釈放され、諸侯の旗頭として西伯《せいはく》に任じられた。同時代の史料で周の君主が周方伯とされていたことを反映しているのだろう。以後文王は諸侯の信望を得るようになった。そして犬戎《けんじゅう》・密須《みっしゅ》（あるいは密）・耆《き》（あるいは黎《れい》）・邘《う》といった周辺の勢力や国々を討伐し、最後に崇侯虎を伐った。

牧野の戦い

文王が没するとその子の武王《ぶおう》が父の業を継いだ。武王は自分に従う諸侯とともに黄河の渡し場の盟津《もうしん》（孟津《もうしん》とも）を渡り、牧野《ぼくや》の地（現在の河南省新郷《しんきょう》市牧野区）で殷との決戦に及んだ。牧野の戦いについては様々な文献に記述があるが、ここでは序章でも参照した『尚書《しょうしょ》』牧誓《ぼくせい》の記述を引いておこう（この部分はまた『史記』周本紀でも引用されている）。

> 時《こ》れ甲子《こうし》の昧爽《まいそう》、王、朝《あした》に商の郊の牧野に至りて、乃ち誓う。王、左に黄鉞《こうえつ》を杖《つえ》つき、右に白旄《はくぼう》を秉《と》りて以て麾《さしまね》き、曰《いわ》く、「逖《とお》きかな、西土の人」と。王曰く、「嗟《ああ》、我が友邦《ゆうほう》の冢君《ちょうくん》、御事《ぎょじ》の司徒《しと》・司馬《しば》・司空《しくう》、亜旅《ありょ》・師氏《しし》、千夫長《せんぶちょう》・百夫《ひゃくふ》長《ちょう》、及び庸《よう》・蜀《しょく》・羌《きょう》・髳《ぼう》・微《び》・盧《ろ》・彭《ほう》・濮《ぼく》の人よ。爾《なんじ》の戈を称《あ》げ、爾の干を比《なら》べ、爾の矛を立てよ、予其れ誓わん」と。

（甲子の日の明け方のこと、武王は早朝より殷の郊の牧野に至って誓った。王は左手に黄金で飾られた鉞をつき、右手に白い牛の尾の毛の飾りがついた旗をとり、将兵をさしまねいて言った。「遠方より大儀であった。西方の者たちよ」王は言った。「ああ、我が友好国の大君に、政務を司る司徒・

司馬・司空、亜旅・師氏に、千夫長・百夫長、そして庸・蜀・羌・髳・微・盧・彭・濮の地の人々よ。汝の戈を挙げ、汝の盾を並べ、汝の矛を立てよ、私は誓いを立てよう」）

この場面では周と同様の立場の国君や司徒・司馬・司空をはじめとする諸官（この三つの官及び亜旅と師氏の官は西周金文にも見える）に加え、庸・蜀・羌・髳・微・盧・彭・濮の各地の人々も武王の呼びかけの対象となっている。この八つの勢力は西方あるいは南方に位置するとされている。殷末周初の時期の周原《しゅうげん》甲骨文にも、南方の「楚《そ》」の君主と往来があったことを示す記述があり、また「蜀《しょく》」「巣《そう》」といった勢力を征伐するという記述がある。また「黄鉞」「戈」「干」「矛」など、古代の主要な武具が登場している点にも注目されたい。

牧誓では、牧野の戦いは甲子の日の朝に始まったとされている。殷周の戦いが確かに甲子の日の朝に始まったことは、陝西省西安《せいあん》市の臨潼《りんどう》区より出土した青銅器利簋《りき》（集成四一三一。図1－10）の銘文によって事実であると確認された。

珷（武王）商を征す。隹《こ》れ甲子《こうし》の朝《あした》に歳《さい》し、貞《おお》いに克《か》ちて泯《ほろぼ》し、夙《つと》に商を有す。
辛未《しんび》、王、管師《かんし》に在り、右史《ゆうし》利に金《きん》を賜《たま》う。用《もっ》て旜公の宝尊彝《ほうそんい》を作る。

図1－10　利簋（左）とその銘文拓本（右）

（武王が商を征した。甲子の日の朝に会戦し、大いに［敵軍を］破り、すみやかに商を占領した。［七日後の］辛未の日に、王は管の駐屯地にあり、右史の利に銅を賜った。［利は］それによって［祖先の］旜公を祀るための銅器を作った）

この銘文は甲子の日に武王が商すなわち殷を征伐し、その七日後の辛未の日に軍の駐屯地で利という人物が王より褒賞として銅（原文には「金」とあるが、これは銅のことを示す）を賜ったことを記す。原文中の冒頭から「夙に商を有す」の部分までの解釈については諸説あるが、ここでは中国の古文字学研究者湯《とう》志《し》彪《ひょう》の解釈に沿って読んだ。

この解釈によれば、殷周の戦いは甲子の日の早朝に始まり、その日のうちに決着がついて、周がすみやかに商（おそらくは都邑の大邑商を指す）を占領したということになる。一体何が殷と周双方の命運を分けたのだろうか。

『詩経《しきょう》』大雅《たいが》・大明《たいめい》には「牧野洋洋《ようよう》たり、檀車煌煌《だんしゃこうこう》たり、駟騵彭彭《しげんほうほう》たり」（牧野の地は広大で、戦車はきらめき、四頭立ての赤毛の馬は強壮である）と、牧野の戦いの際の周側の車馬を褒め称《たた》える描写があるが、この戦車が勝敗の鍵となったとする説がある。

先に触れたように、殷代においては軍隊の主力は歩兵であり、殷代後期に至ってようやく戦車が戦闘に用いられるようになったとされる。また馬の管理や利用は、草原地帯との交通で地の利のある殷墟を拠点とした殷王朝が独占していたのではないかということであった。

アメリカの著名な中国古代史研究者ショーネシーは、周が草原地帯と接近する西北地方に拠点を置いていたことにより、早い時期から戦車を用いた車戦に習熟しており、車戦の戦法が殷より勝っていたことが、周の武王が牧野の戦いで殷を破った原因のひとつではないかと指摘している。殷末の周の拠点は、現在の陝西省岐山《きざん》県・扶風《ふふう》県一帯の周原遺跡かその周辺とされており、殷墟より西方に位置している。周原は現在の西安、昔の長安の近辺にあたるが、長安がシルクロードの中国側の起点となったように、草原地帯との交通という点で殷より更に有利である。

前節での戦車に関する議論とつなげると、周は草原地帯への地の利により、馬の管理や利用に関して殷王朝の独占を崩すことができ、かつ殷より積極的に戦場で車馬を活用できたということになろう。

牧野の戦いの年代は、中国の初期王朝年代研究プロジェクト「夏《か》商《しょう》周《しゅう》断《だん》代《だい》工程《こうてい》」では前一〇四六年とされる。この年代については様々な異論が提示されているが、近年の論調では前一一世紀の後半とする点ではおおむね一致を見ている。

牧野の戦いの勝利をもって周王朝が成立したわけであるが、これは殷が完全に滅亡したことを意味していたわけではなかった。次章ではその様子から見ていくことにしよう。

第二章　西周王朝　溥天の下、王土に非ざる莫し

西周は孔子《こうし》が理想とした王朝であることが知られているが、その実像は「戦う王朝」であったとされる。その支配範囲は殷よりも広がり、かつ地方を統治する諸侯に対しても軍事的な統制を試みていた。西周王朝が主に敵としたのは、玁狁《けんいん》（犬戎《けんじゅう》）や淮夷《わいい》といった戎夷であった。その西周王朝の姿を、金文《きんぶん》、すなわち王侯貴族が祖先の霊に捧げた青銅器の銘文から見ていこう。

【年表】

前一〇〇〇年代後半　商邑の乱（三監の乱。第二次克殷）
前　九〇〇年代後半？　昭王の南征
前　八四一年　共和の政の開始
前　七七一年　西周の滅亡

【人物】

武庚禄父　昭王　厲王　共伯和　幽王

第一節　殷鑑遠からず

第二次克殷

周は殷の勢力を完全に滅ぼしてしまうことをせず、紂王の子武庚禄父《ぶこうろくほ》に殷の遺民を与え、武王の弟の管叔鮮《かんしゅくせん》と蔡叔度《さいしゅくど》に禄父を輔佐させ、もとの殷の地を治めさせた。この禄父・管叔・蔡叔の三人を「三監《さんかん》」と呼ぶが、禄父にかえて武王の弟のひとり霍叔《かくしゅく》を三監に加える説もある。周では外服の要衝の地に諸侯とは別に監督役の「監」が置かれることがあった。

西周王朝の初代となる武王は、新王朝の体制が固まらないうちに没したようである。「夏商周断代工程」では、武王は在位年数が四年であったとしている。

『史記』周本紀によると、武王の子の成王《せいおう》はまだ幼少であったので、やはり武王の弟である周公旦《しゅうこうたん》が摂政となった（図2－1の系図を参照）。それを不満とした管叔と蔡叔が禄父とともに反乱をおこしたが、周公に鎮圧された。これが「三監の乱」であるとされる。

ただし新出資料の清華簡《せいかかん》（中国の清華大学に寄贈された戦国期の竹簡）『繫年《けいねん》』第三章による

と、武王が克殷後に三監を設けていたが、武王の没後に商邑が反乱を起こし、三監を殺害して彔《ろく》子《し》耿《こう》なる人物を擁立したので、成王が商邑を征伐し、彔子耿を殺したと、三監の乱に関して違った事情が述べられている。

『繫年』は西周から戦国前半期までの史事を年代順にまとめた史書である。ここでは彔父に相当する人物が「彔子耿」と呼ばれている。そして反乱の主体は管叔や蔡叔ではなく商邑の人々であり、彼らが彔子耿を擁立したことになっている。「商邑」とは甲骨文に見える「大邑商」を指し、もとの殷都である。殺された三監の中に管叔や蔡叔が含まれていたのかどうかはわからない。『繫年』の文脈からは、「三監の乱」ではなく「商邑の乱」と呼んだ方がよさそうである。

成王のころに「商邑の乱」がおこったことは、同時代史料である西周期の金文、すなわ

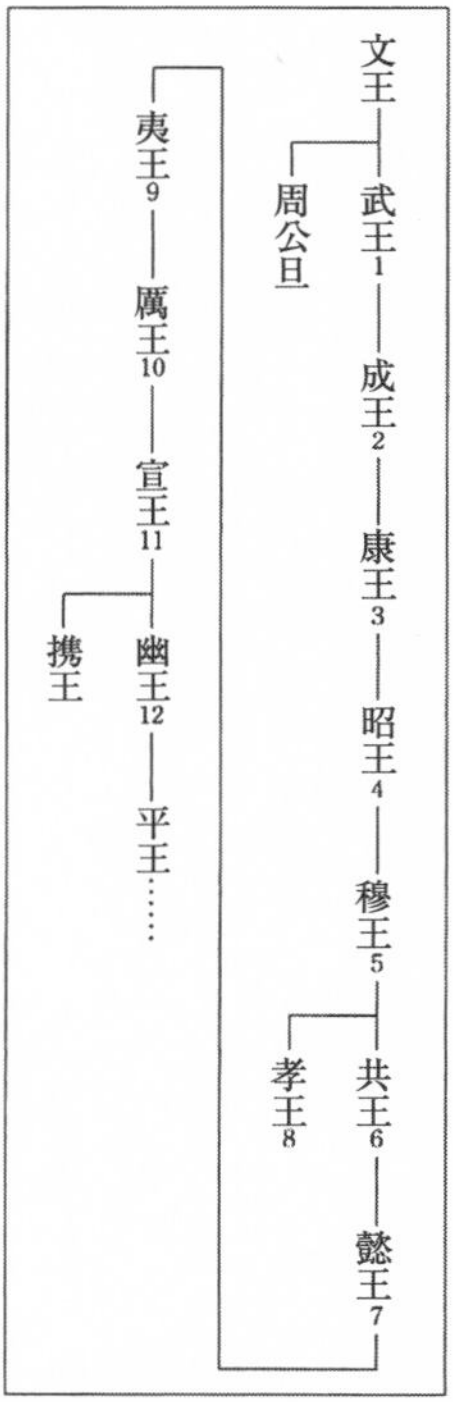

図2─1　西周王室系図（数字は王位継承の順序）

ち青銅器の銘文の記述によって照合できる。前章末で取り上げた利簋のように、金文には戦争や軍功を記録したものが多く存在する。

王、彔子聖《ろくしせい》を伐つ。嗟《ああ》、厥《そ》の反《そむ》くに、王、征命を太保《たいほ》に降す。太保克《よ》く敬《つつし》みて譴《とが》亡《な》し。……

（王が彔子聖を伐った。ああ、彼が叛くと、王が征伐の命を太保に降した。太保はよく王命を謹んであやまちがなかった）

右に引いた太保簋《たいほき》（集成四一四〇）では、彔父ないしは彔子耿に相当する人物が「彔子聖」と呼ばれており、その討伐の命が太保の官にあった召公奭《しょうこうせき》に降されている。召公は周公とともに周王朝創建の功臣に数えられ、諸侯国の燕《えん》の始祖とされる。

『繫年』では成王が商邑を伐ったとあるが、金文でも渣司徒逘簋《びしとぎき》（集成四〇五九）に「王、来たりて商邑を伐ち、誕《ここ》に康侯《こうこう》に命じて衛《えい》に鄙《ひ》せしむ」（王が到来して商邑を伐ち、ここに康侯に命じて衛の地で区画を定めさせた）と、王が親征したことを記録する。商邑の乱では成王が親征するとともに、召公もその部将として出征したということであろう。親征できるぐらいであるから、成王は若年ではあっても幼少ではなかったのかもしれない。

いわゆる「三監の乱」は、従来は管叔・蔡叔らと周公による武王没後の周王朝の主導権をめぐる争いとされてきたが、新出史料や同時代史料によると、そうしたものではなく、周王朝成立後も商邑に残存していた殷の遺民が、武王没後の混乱を突いておこした反乱ということになる。

反乱鎮圧ののち、渣司徒遈簋に見えるように、康侯すなわち武王の弟の康叔封《こうしゅくほう》が衛の地に入っている。殷の故地では康国の君主であった康叔封が転封して衛国を建て、殷の遺民を統治することになった。また、殷の遺民は山東半島の魯《ろ》国や次項に見る洛邑《らくゆう》などにも移されている。禄父にかわる殷王室の後継者としては、紂王の庶兄の微子啓《びしけい》が立てられた。彼は宋《そう》国の始祖とされる。こうして殷王室の後継者と殷の遺民とが引き離された。

牧野の戦いの後も相当の勢力を保持していた殷の遺民を、商邑の乱の鎮圧によってようやく解体できたと見るならば、商邑の乱の勝利は牧野の戦いに続く第二次克殷と位置づけることができる。

敗者への視線

清華簡『繫年』では、成王は彔子耿を殺害したのち、東方の商蓋《しょうがい》という勢力を征伐したという話が見える。他の文献では、商蓋は商奄《しょうえん》あるいは奄という名称で見え、その征

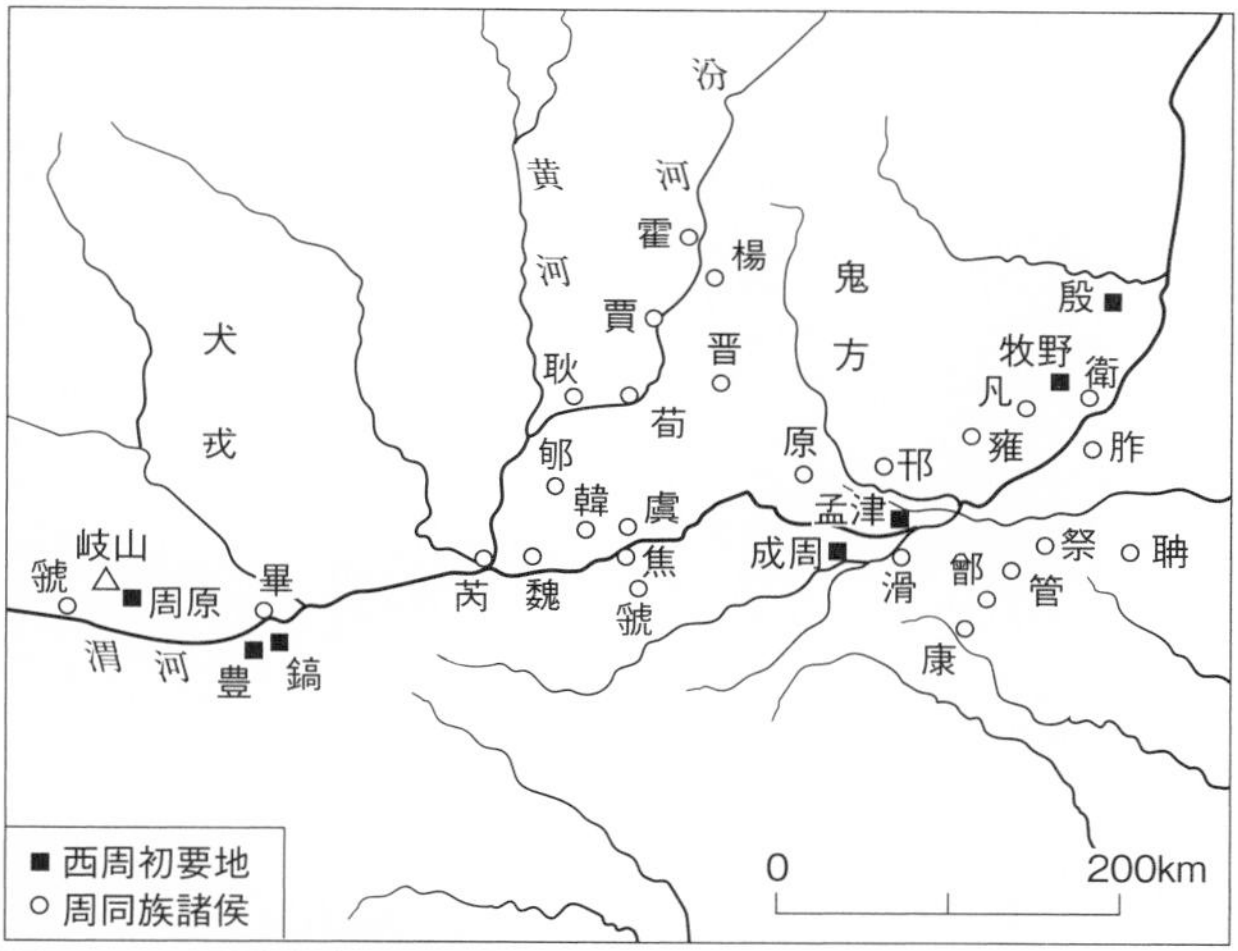

図2−2　西周中心区域図

伐を「践奄《せんえん》の役」と呼ぶ。同時代史料の金文でも、商邑の乱の鎮圧と前後して、周王や周公によって蓋国（すなわち奄国）・東夷・豊伯《ほうはく》・薄姑《はくこ》といった山東半島方面の諸勢力の征伐が行われている。

　山東半島では周公旦の長子伯禽《はくきん》を始祖とする魯国、太公望《たいこうぼう》を始祖とする斉《せい》国が建てられているが、それらの封建は践奄の役の後のことであり、その戦後処理の一環であると考えられている。

　周王朝の拠点としては、文王の祖父太《たい》王《おう》（古公亶父《ここうたんぽ》とも）以来の周原《しゅうげん》、文王の都とされる豊《ほう》、武王の都とされる鎬《こう》があったが、これらはいずれも現在の陝西省西安市の近辺に位置し、西方に寄っている（図2−2）。

現在の河南省北部一帯を中心とするもとの殷の中心地及び山東半島に睨みをきかせるための東方の拠点として、現在の河南省洛陽市にあたる地域に洛邑が造営された。洛邑は、金文では成周《せいしゅう》あるいは新邑《しんゆう》と呼ばれている。これに対して周原は周、鎬は宗周《そうしゅう》と呼ばれる（ただし金文に見える周や宗周の比定には異説もある）。

『尚書《しょうしょ》』（『書経』）周書の諸篇には、洛邑造営に関する記述が多く見える。召誥《しょうこう》篇には、太保すなわち召公奭が「庶殷《しょいん》」と呼ばれる殷の遺民たちを率いて位置の見積もりを行い、その後周公旦が「庶殷の侯・甸・男・邦伯」、すなわちもとの殷の諸侯たちに工事を命じ、「庶殷」が工事を行ったことを記す。洛邑造営には殷の遺民たちが動員されたというわけである。

多士《たし》篇の序には「成周既に成り、殷の頑民《がんみん》を遷す」とある。洛邑造営後に改めて殷の遺民が移されてきたようである。多士篇の本文は、洛邑での周公による「殷遺多士《いんいたし》」、すなわち殷に仕えていた人々への訓戒を記録したものである。

周の支配者の目には敗者となる殷の人々はどう映っていたのだろうか。『詩経《しきょう》』大雅《たいが》・蕩《とう》には「殷鑑《いんかん》遠からず、夏后《かこう》の世に在り」という言葉がある。「殷の教訓となるのは遠い過去のことではなく、その殷が滅ぼした夏王の世のことである」というような意味合いで、この詩は殷末に文王が殷の滅亡を警告するという体裁となっている。

ただ、この詩の序によると、この詩が作られたのは殷末周初ではなく西周の後半期であり、召公奭の子孫の召の穆公《ぼくこう》という人物が、西周第十代の厲王《れいおう》の無道によって周王室が傾くさまを憂えて作ったものであるという（暴君とされる厲王のことは本章第三節で触れる）。殷末の紂王の世と西周の厲王の世の状況を重ねているわけであるが、殷の滅亡、そして殷の遺民たちの姿は、長く周の「鑑《かがみ》」となっていたようである。

「中国」の原点

金文の何尊《かそん》（集成六〇一四）は、成王が在位五年にはじめて成周に移動した際の、宗小《そうしょう》子《し》（王と同宗の子弟）の何《か》という人物に対する言葉を記録している。

隹れ王、初めて成周に遷宅し、復《ま》た珷王《ぶおう》の礼祼《れいかん》を稟《う》くるに天自《よ》りす。四月丙戌《へいじゅつ》に在り、王、宗小子に京室《けいしつ》に誥《こう》して、曰く、「昔爾《なんじ》の考《ちち》の公氏に在りては、克く玟《ぶん》王《おう》を逨《たす》け、肆《ここ》に玟王、茲《こ》の「大命」を受く。隹れ珷王

宅茲中国自之辟民

図2−3　何尊銘文（部分）

既に大邑商に克ち、則ち天に廷告《ていこく》して、曰く、『余其れ茲《こ》の**中国**に宅し、之《これ》自り民を辪《おさ》めん』と。……」王、誥を咸《お》う。何《か》、貝卅朋《さんじゅうほう》を賜《たまわ》り、用《もっ》て叀公の宝尊彝《ほうそんい》を作る。隹れ王の五祀。

(王が初めて成周に遷り、武王の儀礼用の酒器を再び天室《てんしつ》より受け出した。四月丙戌の日、王が京宮《けいきゅう》の大室《たいしつ》で同宗の子弟「である何」に告げて言うには、「昔汝の亡父の公は、よく文王を輔佐したので、文王は天命を受けることができた。武王は大邑商に勝つと、謹んで天に『私はこの**中国**に居り、ここから民を治めよう』と告げた」……王は発言を終えた。何は貝三十朋を賜り、それによって祖先の叀公を祀る銅器を作った。王の五年のことである)

成王の言葉の中で、更に大邑商すなわち殷に勝利した時の武王の言葉を引いており、文中で太字で示したように「中国」という語が出てくる。武王が「中国」に居住して民を治めることを天に誓ったという内容である(図2-3)。

これが文献上における「中国」の初出であるが、当然のちの「中国」よりはずっと狭い範囲を指す。金文ではほかに東方の地域、南方の地域を意味する「東国」「南国」という語が見えるが、これらと対比される表現で、中央の地域というぐらいの意味合いである。その具体的な範囲は成周周辺の地域と考えるのが一般的であり、前著『周――理想化された古代王朝』でもその見方を採った。

しかし何尊の文脈に即して見てみると、克殷を果たした武王は殷都を中心とする地域に居住して統治者として臨みたいという意思を持っていた、だからその子の成王が殷の首都圏の範囲内に成周を造営して行幸《ぎょうこう》することでその宿願を果たしたという具合に解釈した方が適切である。「中国」とは、ここではもとの大邑商や成周を含めた殷の首都圏、すなわち殷王朝の王畿を指すのではないかと考えられる。この範囲が「中国」の原点となり、以後その範囲が広がっていく。

「中国」の語は『詩経』や『礼記《らいき》』の諸篇にも見られる。東国・南国のほか、『詩経』大雅・韓奕《かんえき》には「北国」の語も見えるが、金文にも後代の文献にも、周王朝の本拠地の周原や豊・鎬が所在する地域を示す「西国」という表現は見られない。あるいは克殷以後、「西国」にあたる範囲も周の「中国」に含まれたということなのかもしれない。

二つの中心

殷の場合と同様、周王朝の支配領域も畿内（王畿、内服）、畿外（外服）の概念でもって理解されている。畿内は周原や宗周といった都邑の周辺に広がる区域であり、周王朝の直轄領にあたる。王朝の運営に携わる臣下の采邑《さいゆう》が存在する。

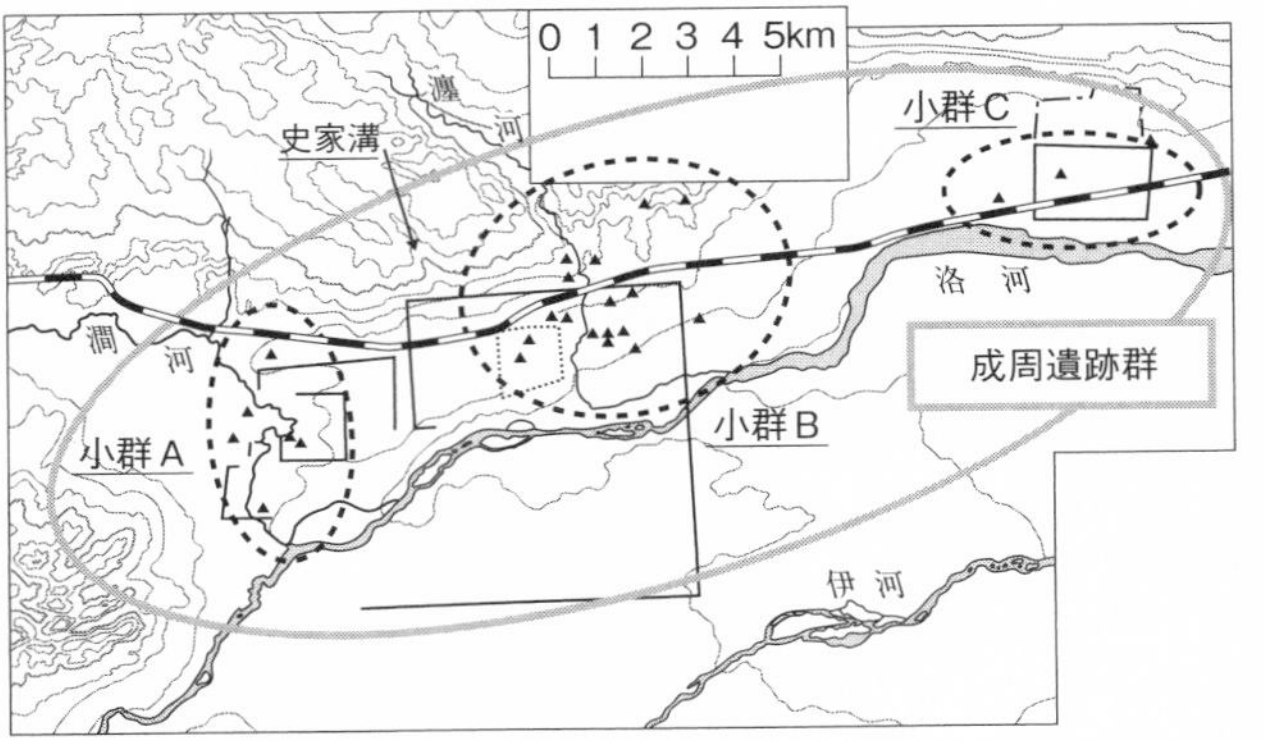

図2−4　成周遺跡群

その外側に広がるのが畿外の区域であり、畿外の地を治めるのが諸侯である。諸侯国は地方にあって王朝と同様の支配機構を構築していた。次節で触れるように、殷代の方国とは異なり、西周の諸侯は軍事的に王朝の統制に服していた。西周の時代にあっては、畿内の采邑も畿外の諸侯国もともに「邦《ほう》」と呼ばれ、周自身も「周邦《しゅうほう》」として数多《あまた》ある「邦」のひとつと位置づけられていた。殷王朝にとって他の方国は基本的に体制の外側にある外部勢力であったのに対し、周王朝にとって他の邦は基本的に体制の内側にある内部勢力である。

西周の王畿は、西方の周原や宗周周辺だけでなく、東方の成周の周辺にも広がっていた。その範囲は周原や宗周が位置する関中平原から、成周が位置する洛陽盆地まで東西に広がっていたとされる。

成周などの都邑の防衛について見ておくと、周原では近年の調査によって十基もの大型建築遺構（宮殿や宗廟《そうびょう》の跡と見られる）を取り囲むような形で城壁が存在していたことが明らかになった。中国考古学の研究者西江清高《にしえきよたか》が指摘するように、宮城（内城）に相当するものであろう。

豊・鎬と成周については城壁の存在が未だ確認されていない。成周の防衛については、中国考古学の研究者黄川田修《きかわだおさむ》が、前述した許宏の「大都無城」説を参照しつつ検討を行っている。黄川田氏によると、西周期の成周は洛河《らくが》の北に東西に並ぶ三つの小都市から成っており、その最東端に位置する韓旗屯古城《かんきとんこじょう》、そして澗河《かんが》、洛河、邙山《ぼうざん》がそれぞれ東西南北の防衛線になっていたという（図2－4。韓旗屯古城は図中の小群Cに属する）。

外郭に相当する城壁がなお確認されていない周原も含めて、殷と同様に西周の都邑の防衛も必ずしも城壁を前提としないものだったと見られる。

兵農合一の軍隊

その東西の両拠点に、それぞれ西周王朝の正規軍が配備された。金文によると、西周には「西の六師《にしのりくし》」と「成周八師《せいしゅうはっし》」（「殷八師《いんはっし》」とも）という二つの正規軍が存在した。八師はその名の通り成周に配備され、殷の遺民が主な担い手であったとされる。六師の方は西方の宗周に配備されていたと見られる。

ここから少々専門的な話となるのだが、六師と八師の軍隊としての性質については議論がある。金文の記述から、六師が農牧地を所有し、八師に冢司土《ちょうしと》の官が置かれていたことが知られる。冢司土というのは、後世の大司徒のことである（「冢」とは「大」、「土」とは「徒」の意）。西周時代にあっては土地、特に農地の管理や農業生産の管理を担う官職であったとされる。逆に八師でも同様に農牧地を所有しており、六師でも冢司土の官が置かれていたことは想像に難くない。

こうした事例が研究者の目にとまり、一九六四年から翌六五年にかけて中国の『考古』誌上において、六師と八師の性質をめぐって中国古文字学の大家于省吾《うせいご》と、中国古代史学のこれまた大家の楊寛《ようかん》との間で論争がおこった。

于省吾は、これらの事例は六師と八師が屯田兵《とんでんへい》であったことを示すものであると主張した。すなわち兵士に土地が割り当てられ、平時に農業・牧畜に従事させ、兵糧・軍馬などの自給自足を図らせるというものである。

楊寛はこれに反論し、これらの事例は郷遂《きょうすい》制度と関係するものであると主張した。彼は周の時代の官職や制度について記録したとされる『周礼《しゅらい》』などの記述に基づき、宗周・成周の都邑の区画と住民について次のように説明している。

周代の都邑は中心部の「国《こく》」と、それを取り巻くように広がる周辺部の「野《や》」の二つの区域に分かれていた。「国」は更に「六郷《りくきょう》」と呼ばれる六つの地区に分かれ、「国人《こくじん》」と呼ばれる人々が住む区域である。彼らは政治上の権利が認められた公民である。平時は農業に従事しているが、兵役の義務があり、戦時には六師・八師の兵員として充てられる。日本の下級武士に似たところのある人々である。

一方、「野」の方は「六遂《りくすい》」と呼ばれる区域に分けられ、こちらは国人より身分が低い「野人《やじん》」（庶人《しょじん》）の住む区域である。彼らは一般の農民で、政治上の権利もないかわりに、基本的には兵役の義務もない。この六郷と六遂を合わせて「郷遂」と呼ぶ。

六師・八師は軍の編制であると同時に都邑の区画や社会組織と一体化している。だから六師・八師に関連して農牧地の管理が問題となるのは当たり前だというわけである。

于省吾と楊寛、それぞれ二度ずつ論文を発表して激論を交わしたが、おそらくは一九六六年に開始された文化大革命の影響もあって議論が止まった（文革がおこると、『考古』などの学術誌の発行が停止された）。

文革後は多くの研究者が于省吾と楊寛の論争を踏まえつつ議論を続けている。韓国の先秦史研究者李裕杓《イユピョ》は、屯田兵と国人による軍隊、兵士が農業生産にも従事するのか、農業に従事する公民が兵役に服するのかという違いはあるが、いずれにせよ平時は農業に従事している点は同じであり、六師・八師は「兵農合一」の軍隊であると議論を総括している。

一般的に六師・八師は常備軍と位置づけられているが、そこで想定されているのは、平時には少数の貴族の兵員を軍務に当たらせるほかは、大多数の兵員は農業生産に当たらせて定期的に軍事訓練に参加させるにとどめ、戦時にのみ全員を召集して軍務に当たらせるというものである。

李裕杓は、このような体制は、戦時だけでなく平時も軍務に専従するという近代的な意味での常備軍とは言えないのではないかと疑問を呈する。たとえば近代以降の徴兵制による軍隊では、徴兵された国民は、戦争がなくても兵役期間中は家族と離れて駐屯地や基地などで生活して軍事訓練を受けたり、国内の警備などの軍務を担うことになる。西周の軍隊は確かにそういうものとは異なるが、本書ではそこまで厳密な見方をせず、六師・八師を常備軍と見ておくことにする。

それではその実力のほどはということになるが、これについては第三節で改めて考えることにして、次節では諸侯と軍役について見ていくことにしたい。

第二節　国の大事は祀と戎とに在り

前線の指揮官として

『史記』周本紀では、克殷後に武王が神農《しんのう》・黄帝《こうてい》など古帝王の子孫、あるいは周公旦・召公奭・太公望ら一族・功臣を諸侯に封じたとある。しかし実際のところは、諸侯の封建は一度に行われたわけではなく、商邑の乱の後に康叔封が衛の地に入っているように、周王朝の勢力範囲の拡大にともなって随時行われるものであった。

殷周史研究者の伊藤道治《いとうみちはる》は、この衛や魯、成王の弟唐叔虞《とうしゅくぐ》が封ぜられた晋など、周王室と祖先を同じくする姫《き》姓の諸侯に着目し、姫姓諸侯の封建は、中央からの交通路を確保する目的で行われたとする。諸侯は前線に配置された軍事的指揮官であり、諸侯国の国都は軍事上・交通上の拠点ということになる。

当時はまだ勢力範囲を「面」で支配することは困難であり、「点」の形で確保した支配領域を「線」でつないでいくことしかできなかった時代である。『詩経』などに「周道《しゅうどう》」という語が見え、周王朝が交通網を整備していたことがうかがえるが、この「周道」が王畿と畿外の各拠点、あるいは豊鎬と洛邑の東西の王畿をつなぐ交通路に相当するものだったのではないかと想定されている。
そして周の勢力範囲の拡大が進み、前線が更に前方に移動すると、指揮官たる諸侯も更なる前進を命じられることがあった。

隹れ四月、辰《しん》は丁未《ていび》に在り、王、珷《ぶおう》王・成王の商を伐ちし図《と》を省し、延《ひ》きて東国の図を省す。王、宜《ぎ》に湴《のぞ》み、社《しゃ》に入りて南嚮《なんきょう》す。王、虔侯矢《けんこうそく》に命じて曰く、「遷りて宜に侯《こう》たれ。……」
（四月丁未の日、王は武王・成王が商を伐った際の版図を巡察し、引き続いて東方の地域の版図を巡察した。王は宜の地に臨むと、その地の社に入って南側を向いた。王が虔侯矢に命じて言うには、「［虔より］遷って宜の地で侯となれ」）

ここに引いた金文の宜侯矢簋《ぎこうそくき》（集成四三二〇）は、西周の時代の諸侯封建の実例として著名なものであるが、ここでは矢という人物が、おそらくはそうした前線の移動により、虔から宜の地への転封を命じられている。この青銅器の出土地は現在の江蘇《こうそ》省鎮江《ちんこう》市丹徒《たんと》区の煙墩山《えんとんさん》であり、宜の地もその近辺であると見られる。

この銘文では王の「遷りて宜に侯たれ」という言葉によって夨が宜侯に任じられている。こうした「××（地名）に侯たれ」とか「侯たらしむ」のような表現は、王命の中で諸侯封建を示す文言としてしばしば用いられる。周においては畿外の地に封建される諸侯は多く「侯」に任じられた。だから「諸侯」と呼ばれるのである。

「侯」は後代に「公・侯・伯・子・男」の五等爵のひとつとして理解されるようになるが、もともとは爵位の等級ではなく、辺境の防衛のために配置された武官だったのではないかと考えられている。周では姫姓だけでなく異姓も含めて諸侯には軍事上・交通上の拠点を押さえる指揮官の役割が期待されていたということになるだろう。

「侯」の地位は代々世襲された。周の勢力拡大がストップして転封が行われなくなり、任地が固定化されると、次第に地方の世襲君主としての性質が強くなっていく。

ついでに述べれば、五等爵のうちの残りの四つもやはり元来は爵位の等級ではなかった。「公」はもともと周公旦・召公奭など王朝の執政の中でも首班に相当する人物に与えられた号であり、「伯」は「伯・仲《ちゅう》・叔《しゅく》・季《き》」の兄弟の順序を示す称謂に由来するものとされる。「子」は前節で登場した「彔子聖」のように、もとの殷の王族や西周以前から存続する国君の称、「男」は「侯」と同様に畿外の地の諸侯に与えられた号であると考えられている。

ただし五つの爵位のそれぞれの由来については諸説あり、ここで示したものはあくまで一説である。

周が対峙した人々

それでは前線に配置された諸侯はどのような人々と対峙することになったのだろうか。それを示すのが次に引く曾侯與鐘《そうこうよしょう》（銘続一〇二九）である。

隹れ王の正月、吉日甲午《こうご》、曾侯與曰く、「伯括上庸《はくかつじょうよう》され、文武の殷を撻《う》つの命を左《たす》け、天下を撫奠《ぶてん》せしむ。王、逝《ここ》に南公《なんこう》に命じて、汭土《ぜいど》に営宅《えいたく》し、淮夷《わいい》に君庇《くんひ》し、江《こう》夏《か》に臨有《りんゆう》せしむ。……」

（王の正月吉日甲午の日、曾侯與が言うには、「伯括は主君に登用され、文王・武王の殷征伐の天命遂行を輔佐し、天下を安撫・平定させた。王は南公に命じ、河流の入り組んだ土地に国を建てて居住させ、淮夷の地を治め、長江・夏水《かすい》に臨む地を領有させることとなった」）

これは近年湖北省《こほくしょう》随州《ずいしゅう》市の文峰塔《ぶんほうとう》東周曾国墓地から発掘された春秋後半期の青銅器の銘文であり、曾という国の祖先伝承を記したものである。

曾侯腆の台詞によると、まず祖先にあたる伯括が、周の文王・武王を輔佐して克殷を達成させたことを言う。伯括とは、武王の重臣の南宮括《なんきゅうかつ》に比定する説がある。そして南公（これは伯括を指すか、あるいはその子孫を指すかわからない）が王命により、南方の長江・夏水流域の地に国を建てることになったが、そこは淮夷と呼ばれる人々が暮らす地域であった。前線に配置された諸侯たちの目の前には、淮夷のような「夷」や「戎」たちの世界が広がっていたのである。曾の地は後文に見る昭王南征《しょうおうなんせい》の際の軍事的拠点ともなる。

淮夷とは周から見て東南の地域、特に現在の淮河《わいが》流域に盤踞していたとされる勢力であり、「南夷《なんい》」「南淮夷《なんわいい》」などと呼ばれることもある。「夷」にはほかに践奄の役の際に周公による討伐の対象となったとされる東夷なども含まれ、主に周の東方・南方の勢力を指す。西周金文には周王や臣下たちが彼らと戦ったという記録が多く見える。

「夷」の中には周に服属した者たちも存在する。師酉簋《しゆうき》（集成四二八八～四二九一）では、師酉という人物が王より「西門夷《せいもんい》・臮夷・秦夷《しんい》・京夷《けいい》・弁狐夷《べんこい》」の諸夷から成る「虎臣《こしん》」を管轄するよう命じられている。虎臣とは周王の近衛兵であるとされる。

周では六師・八師のほかに虎臣のような小規模の部隊も設けていたが、その兵員となったのは西門夷などの夷であった。彼らは夷の中で周に服属した者たちであったと考えられている。そのうちの「秦夷」はおそらくは後に始皇帝を出す秦のルーツである。

淮夷についても周の征伐の対象となる一方で、西周後半期には、当時の金文に見えるように「我が帛賄《はくわい》の人」「我が帛賄の臣」、すなわち周に布帛を貢納する人々、あるいは臣下と位置づけられた。「夷」は周に服属すべき存在と見なされていたようである。

それでは殷代にあって周もそのうちのひとつであった方国はどうなったのだろうか。たとえば東夷に関して、そのルーツが殷代の夷方（人方）であるとする説がある。戎や夷がその後身ということになるのかもしれない。あるいは諸侯などとして周に完全に服属した方国もあっただろう。

しかし西周金文にはなお方国の名称がいくつか見え、すべての方国が消滅してしまったわけではない。たとえば第三代康王《こうおう》の時代の小盂鼎《しょううてい》（集成二八三九）は、周に仕える盂《う》（この人物も曾侯と同じく南宮氏の南公の子孫である）と鬼方《きほう》との戦いの戦果を記録しており、第四代昭王《しょうおう》のころの中方鼎《ちゅうほうてい》（集成二七五一～二七五二）などでは、やはり南公の子孫であろう南宮が王命によって虎方《こほう》を討伐したとある。

特に小盂鼎では周側が一万三千八十一人もの捕虜と四千八百二もの敵首を得たとあり、戦争の規模が相当なものであったことがうかがわれる。こうした周側の征伐により、方国の形をとる敵対勢力は消滅していくこととなった。

使役され統制される諸侯

指揮官として戎夷と対峙した諸侯であるが、軍役として動員される際には、中央から派遣されてきた王臣の指揮に従うこととなった。その様子を次に引く金文の柞伯鼎《さくはくてい》（銘図二四八八）から見てみることにしたい。

隹れ四月既死覇《きしは》、虢仲《かくちゅう》、柞伯に命じて曰く、「乃《なんじ》の聖祖《せいそ》周公に在りては旧《も》と周邦に功有り。昏《こん》の及ぶこと無きも、南国を広伐《こうばつ》するを用て、今汝其れ蔡侯《さいこう》を率いて左して昏邑に至れ」と。既に城を囲み、蔡侯に命じて徴《ちょう》を虢仲・遣氏《けんし》に告げしめて曰く、「既に昏を囲めり」と。虢仲至り、辛酉《しんゆう》に戎を搏《はく》す。柞伯に執訊《しつじん》二夫、獲馘《かくかく》十人あり。……

（四月既死覇の日、虢仲が柞伯に命じて言うには、「汝の聖祖周公はかつて周邦に功績があった。昏［の軍］は［まだ王畿内には］及んでいないが、広く南国を侵攻しているので、今汝は蔡侯を率いて左から昏の邑へと向かえ」［昏の］城邑を包囲すると、蔡侯に命じて［任務の］成功を虢仲・遣氏に報告させ、［蔡侯は］「昏を包囲しました」と言った。虢仲が［昏に］至り、辛酉の日に戎を伐った。柞伯は捕虜二人と、十人分の敵首を得た）

これは昏という勢力が南国、すなわち周の南方の領域に侵入したことを承け、周側が逆に昏の本拠地に攻め入って討伐したことを記したものである。「辛酉に戎を搏す」とあるので、昏は戎と見なされているようである。また昏が邑や城を有していたこともわかる。

周側の人間としては、この銘文を作らせた柞伯のほか、虢仲、遣氏、蔡侯の計四人が登場する。このうち蔡侯は「三監」のひとりとして数えられる蔡叔の子孫で、畿外の地に封土を持つ諸侯である。それ以外の三人が中央から派遣されてきた周王の直臣であり、虢仲が総大将である。あるいは遣氏もともに総大将の立場にあったのかもしれない。柞伯はその配下の部将ということになる。なお、銘文によると彼は周公の子孫とされている。

その一部将にすぎない柞伯が、王臣という立場によって、蔡侯を更にその部将のように従えて昏邑に攻め入り、そして軍務を果たした後、蔡侯を使い走りのように虢仲らのもとに戦果の報告に赴かせている。日本の江戸時代の大名が、自分より石高《こくだか》の低い幕閣の指導に服したように、西周の諸侯も王朝の権威を背にした王臣の指導に服したのである。

諸侯は王朝による軍事的統制を受けることもあった。それを示すのが、各地に設けられた「師《し》」である。周では畿内・畿外の各地に「師」と呼ばれる軍の駐屯地が設けられていた。前章の最後に引いた克殷の際の金文利簋に見える「管師」もそのひとつで、その駐屯地が置かれた地名でもって呼ばれた。また、その駐屯地に駐在する軍隊も同様の名称で呼ばれる。
それらの「師」の中で「斉師《せいし》」「曾鄂師《そうがくし》」のように、諸侯国の名を冠したものがいくつか存在する。たとえば金文の師寰簋《しえんき》（集成四三一三〜四三一四）では、師寰という人物が、斉師、そして紀《き》や萊《らい》といった山東半島の諸侯国の兵や王の近衛兵である虎臣を率いて淮夷を征伐するよう命じられている。

……今余肇《ここ》に汝に命じ、斉師・紀・萊・僰《ぼく》を率いて、左右虎臣を殿《しんがり》にし、淮夷を征せしむ。……

（今、［王である］余が汝［師寰］に、斉地の軍隊・紀・萊・僰を率いて、左虎臣と右虎臣を殿にし、淮夷を征伐するように命じる）

ここでは斉が同じ山東方面の諸侯のはずの紀や萊と区別されているようである。この「斉師」のような事例については、諸侯国の軍隊（ここでは斉国の軍隊）を指すとする説と、諸侯国とは別に王朝が設置した駐屯地及びそこに駐在する軍隊とする説がある。筆者は後者の説が妥当ではないかと考えている。諸侯とは別に王朝の軍隊の駐屯地を設置することにより、有事の際に諸侯を軍事的に支援するとともに、周王朝に対して謀反をおこしたりしないよう監視と牽制を行ったのである。

「斉師」についてもう少し詳しく見ておくと、新出金文の引簋《いんき》（銘図五二九九〜五三〇〇）では、王が王臣の引という人物に斉師を管轄させていたという記述が見える。筆者はこれを、王が王臣に王朝の軍の駐屯地である斉師の管轄を命じたものと見ているわけであるが、異なる解釈もある。李裕杓は、克殷から世代を経て王室と諸侯との関係が疎遠になってくると、姜《きょう》姓の斉国など、特に周王室と父系祖先を異にする姫姓以外の諸侯国に対して中央から軍事長官を派遣し、その軍事的統制を図るようになったのではないかと言う。いずれの説が正しいにせよ、その目的には諸侯の統制が含まれている。

周王朝は克殷以来、畿外の地についても敵対する方国を倒し、戎夷を服属させ、要衝を守る諸侯に対しても軍事的統制を図り、『詩経』小雅《しょうが》・北山《ほくざん》に言う「溥天《ふてん》の下《もと》、王土に非《あら》ざる莫《な》く、率土《そつど》の浜《ひん》、王臣に非ざる莫し」（普《あまね》く天のもと、王の領土でない所はなく、地の果てまでも、王の臣下でない者はない）という状態をめざすかのようであった。

軍事王から祭祀王へ

軍事力を背景に膨張を図り、もとの殷人や戎夷など様々な勢力を服属させようとする姿は、周王朝の「帝国」性を示すものと言えよう。

周の対外膨張は第四代昭王の時代に最高潮に達する。昭王は自ら南征を行ったとされる。たとえば古本《こほん》『竹書紀年《ちくしょきねん》』には、「周の昭王十六年、楚荊《そけい》を伐つに、漢《かん》を渉《わた》り、大兕《だいじ》に遇《あ》う」（周の昭王十六年、楚を伐ち、漢水《かんすい》を渡り、大きな兕［犀あるいは水牛を指すか］と出会った）とある。「楚荊」とは南方の楚を指し、「荊」は「楚」の別名として後代にもよく用いられる。征伐の対象となったのは楚国、あるいは楚国を含めた南方の地域であったようである。

しかし南征は失敗に終わったようである。同じく古本『竹書紀年』には「周の昭王十九年、天大いに曀《くも》り、雉兎《ちと》皆《み》な震え、六師を漢に喪《うしな》う」（周の昭王十九年、天が大いに曇り、雉や兎がみな震え、［周は］六師を漢水に失った）とあり、天体あるいは気候の異変により、昭王が率いてきた西の六師が長江の支流の漢水で全滅したという。昭王自身が漢水で溺れ死んだとする文献もある。漢水は現在の漢江《かんこう》であり、長江と漢江が合流する地点に湖北省の省都武漢がある。

金文にも昭王のころに南征が行われたことを示すものが多くある。新出の胡応姫鼎《こおうきてい》（銘続二二一）には、昭王が楚荊を伐つ際に胡応姫という女性と謁見したという記述があり、同時代に近い史料で昭王が確かに南征したことが裏づけられる。また京師畯尊《けいししゅんそん》（銘図一一七八四）には、王が漢（漢水）を渉って楚を伐ったとあり、南征の際に漢水を渡ったことも見える。
南征の目的は、南方の地域で産出される銅資源の獲得、あるいはこの地域の銅資源を畿内へと運搬する交通路の確保であったとされる。また漢水の近辺には前文で取り上げた諸侯国の曾、あるいは鄂が存在したが、この曾と鄂が南征の拠点のひとつとなり、軍隊の駐屯地である「師」が設けられている。湖北省随州市では、近年西周期の曾国と鄂国の墓地が発見されている。

昭王が戦没したかどうかは金文からはわからないが、南征がおそらくは失敗に終わったこと、そしてこれにより周王朝の拡大期が終わり、守勢期に入ったことは、次の穆王《ぼくおう》の時代以後の金文によってうかがうことができる。

たとえば次に引く彔𢦚卣《ろくしゅうゆう》（集成五四一九～五四二〇）のように、周から攻勢に出るのではなく、戎夷のような外部勢力の侵入に対して、周が防戦に回ることを示すものが目立つようになる。

王、𢦚に命じて曰く、「嗟、淮夷敢えて内国《ないこく》を伐つ。汝其れ成周の師氏《しし》を以《ひき》いて古師《こし》に戍《まも》れ」と。……

（王が𢦚に命じて言うには、「ああ、淮夷が畿内に侵入してしまった。汝は成周の師氏の官を率いて古の駐屯地を防衛せよ」)

ここでは淮夷の畿内への侵入への対応を迫られている。書き下し文中の「古師」というのは前述したような軍隊の駐屯地である。前文で引いた柞伯鼎も穆王以後の銘文であり、外部勢力の侵入に対応した軍事行動を記録したものである。

そして周では成王が商邑の乱の鎮圧にあたっているように、昭王の南征までは王の親征が見られたが、穆王以後は、次節に登場する第十代の厲王《れいおう》の時代に至るまで、王の親征が見られなくなる。

穆王は『穆天子伝《ぼくてんしでん》』という文献に見えるように、西方に遠征して崑崙山《こんろんざん》に至り、西王母《せいおうぼ》と対面したという伝説で知られるが、金文では親征をしたという記録が見られない。

殷周時代の文化を研究する高島敏夫《たかしまとしお》は、こうしたことを踏まえ、周王は昭王の時代までは「軍事王」としての性格を強く持っていたのが、穆王の時代以後はそうした性格を失い、「祭祀王」としての性格を強めたと論じている。

『春秋左氏伝《しゅんじゅうさしでん》』成公《せいこう》十三年には「国の大事は、祀《し》と戎《じゅう》とに在り」という言葉が見える。「祀」とは祭祀のことであり、「戎」とは軍事のことである。国家の大事は君主の執り行う祭祀と軍事であるという意味となる。昭王の時代に周はこの二つの「大事」のうち

「戎」でつまずいたということになる。

そして厲王がそのつまずきを取り戻そうと試みるようになるのだが、その話の前に、「戎」と「祀」の関係、すなわち軍事と祭祀の関係について見ておくことにしたい。

勝利に導く祖霊

周では、戦争の前後に祭儀が行われることがあった。たとえば保員簋《ほうんき》（銘図五二〇二）では、王が東夷を征伐するに先立って「燎《りょう》」という祭儀を行っている。「燎」とは、薪を組んで燃やす、あるいは犠牲の肉などの供物を燃やして祖先の霊やその他神霊に捧げる祭儀であるとされる。

前文でも話題にした小盂鼎では、総大将の盂が鬼方征伐の戦果を王に報告した後に、捕虜にした敵兵や敵の首が捧げられ、周廟すなわち王の宗廟で「燎」が行われている。

それではなぜ戦争の前後にこうした祭儀が行われたのであろうか。祭儀は祖霊《それい》や神霊に対して行われるものであるから、出征の前には戦争の勝利や武功を祈願して、凱旋の後には祖霊や神霊の加護があったことに感謝して行われたということになるだろう。周の時代には、祖霊は天上の上帝《じょうてい》のもとにおり、下界の子孫に祀られることによって加護を与えるという信仰があった。

戦争に関してそうした祖霊観がうかがえるのが、次に引く𢦚簋《しゅうき》（集成四三二二）である。

隹れ六月初吉乙酉《しょきついつゆう》、堂師《どうし》に在り、戎、𠭯を伐つ。𢦚、有司《ゆうし》・師氏を率いて奔追《ほんつい》して戎を𠭯林《よくりん》に襲い、戎を胡《こ》に搏《う》つ。朕《わ》が文母《ぶんぼ》競敏𢘘行にして、休《きゅう》にして厥《そ》の心に宕《お》り、永く厥の身を襲い、厥の敵に克《か》たしむ。獲馘百、執訊二夫、戎兵《じゅうへい》を俘《ふ》すこと、盾・矛・戈・弓・箙《えびら》・矢・裨《ひ》・冑、凡《およ》そ百又卅《さんじゅう》又五款《かん》、戎の俘人を捋《と》ること百又十又四人、搏《はく》を卒《お》え、𢦚の身に愍《うれい》い無し。乃《なんじ》の子𢦚拝稽首《はいけいしゅ》し、文母の福烈《ふくれつ》に対揚《たいよう》し、用て文母日庚《にっこう》の宝尊簋《ほうそんき》を作る。……

（六月初旬乙酉の日、［𢦚が］堂の駐屯地に駐在している際に、戎が𠭯の地に侵入した。私𢦚は役人や師氏を率いて駆けつけ、戎を𠭯林の地で襲撃し、［ついで］胡の地で戦った。我が亡母［の御霊《みたま》］は強大にして俊敏で、よく私の心を占有し、ずっと私の身に寄り添い、敵に勝たせてくれた。［戦果は］敵首百、捕虜二人、兵器を鹵獲すること、盾・矛・戈・弓・矢筒・矢・甲冑のおよそ百三十五揃い、戎の捕虜を奪還すること百十四人、戦闘を終え、𢦚の身に過失はなかった。あなたの子の𢦚が拝礼し頓首して、亡母の福運功徳に感謝し、亡母日庚を祀るための宝簋を作った）

この銘では、𢦚が戎を打ち破り、多大な戦功を挙げることができたのは、亡き母の霊のおかげであるとし、その母の加護に感謝するために祭器を作ったことを述べている。小盂鼎では、おそらく周王の祖霊の加護があったということで、彼らが祀られている周廟において祭儀が行われているが、臣下の家の廟でも同様の祭儀が行われたであろう。

そして祖霊が出征する子孫に加護を与えてくれるという信仰は、西周の次の春秋時代にも受け継がれた。

第三節　「溥天の下」の内実

再び軍事王へ

西周は穆王の後、共王《きょうおう》・懿王《いおう》・孝王《こうおう》と王位が受け継がれ、ひとまず小康を得たが、次の夷王《いおう》の代になると様相が怪しくなる。『史記』斉太公世家《せいたいこうせいか》によると、夷王は紀侯《きこう》の讒言を信じて斉の哀公《あいこう》を煮殺したとある。夷王は哀公の異母弟胡公《ここう》を後継としたが、これに不満を持った哀公の同母弟献公《けんこう》が胡公を滅ぼして勝手に斉の君主となった。夷王の無思慮な措置によって斉に動乱がおこったわけである。

次の厲王《れいおう》は、昭王以来途絶えていた戎夷に対する親征を再開し、「軍事王」としてのあ

図2−5　㝬鐘銘文拓本

り方を復興しようとした。厲王の親征を記録する金文のひとつが、次に引く㝬鐘《こしょう》（集成二六〇）である（図2−5）。

王肇に文武の勤《つと》めし疆《きょう》土《ど》を遹省《いっせい》す。南国の服子《ふくし》敢えて我が土を陥虐《かんぎゃく》するに、王、敦伐《たいばつ》せんとして其れ至り、厥の都を撲伐《ぼくばつ》す。服子廼《すなわ》ち間《かん》を遣わし来たり逆《むか》えて王に昭《まみ》ゆ。南夷・東夷の具《とも》に見ゆるは廿《にじゅう》又六邦。……

（王はここに文王・武王が懸命に治めた疆土を巡察した。南国の服子があろうことか我が領土を侵略したので、王が討ち滅ぼそうと到来し、その都を討伐した。服子はそこで［降伏の］使者を派遣し、王を出迎えて対面した。南夷・東夷の［首領で］ともに謁見したものは二十六邦にのぼる）

㝬鐘は台北の国立故宮博物院所蔵の三大青銅器のひとつとして知られ、「宗周鐘」とも呼ばれる。ここでは「南国」すなわち南方の領域の服子という勢力（あるいはその首領の名号かもしれない）を厲王自らが討伐にあたっている。その結果服子は降伏し、南夷・東夷とともに厲王に謁見している。

服子は「都」すなわち都邑を持っている。南夷・東夷とともに謁見しているのは、服子もその一部であるか、彼らが服子と呼応して周の領域に侵入したことを示している。そして南夷・東夷に属する諸勢力も、周や諸侯国と同様に「邦」を形成していると見なされているのが注目される。

厲王が多数の南夷・東夷の首領と謁見しているのは、やはり北山の詩の「溥天の下、王土に非ざる莫く、率土の浜、王臣に非ざる莫し」を体現しようとしているかのようである。

この厲王、『史記』周本紀などでは、暴虐で、賢臣の諫言《かんげん》を聞き入れず、自分を誹《そし》る者を殺害した暴君とされている。そしてその無道に耐えかねた周の人々によって王位を追われることとなった。清華簡『繫年』第一章では、厲王が暴虐であったので、卿士《けいし》・諸正《せい》・万民がその心に忍びず、厲王を彘《てい》の地に追放し、共伯和《きょうはくわ》という者が王のかわりとして立ったと伝えている。

卿士は後代の宰相にあたり、諸正は諸官の長を指す。上は宰相から下は庶民に至るまでその暴虐に耐えきれず、一致団結して厲王を追放したということになる。成功した内乱と位置づけてよいだろう。

王のかわりとして立ったとされる共伯和については、西周金文に見える「伯龢父《はくわほ》」あるいは「師龢父《しわほ》」という人物が彼に相当するとされる。厲王が去った後の治世を彼の名にちなんで「共和の政」とか「共和行政」と呼び、世襲君主が主権を持たない政治体制であるrepublicの訳語としての「共和制」の由来となった。「共和の政」の開始は西暦では前八四一年のこととされる。

「共和の政」は十四年で終わりを告げ、厲王の子の宣王《せんおう》に政権が返上された。この宣王は西周の中興の主として位置づけられているが、一方で『国語《こくご》』周語上などでは、魯国の侯位継承に介入したことを伝える。

魯国では第九代武公《ぶこう》の子のうち長子の括《かつ》が太子となっていたが、宣王は自分が気に入った弟の戲《ぎ》を太子とするよう命じた。武公の死後、戲が懿公《いこう》として即位したが、これを不満とした括の子の伯御《はくぎょ》が懿公を攻め滅ぼして魯侯となると、宣王が親征して伯御を討ち、懿公の弟を孝公《こうこう》として立てた。斉に動乱を引き起こした祖父の夷王を思わせる話である。

ここでは宣王が魯に親征したとあるが、金文でも宣王が親征したことを示すものがある。たとえば宣王時代のものとされる兮甲盤《けいこうばん》（集成一〇一七四）では、王が玁狁《けんいん》を討伐するために親征したことを記録している。玁狁については次項で触れるが、周の西北の勢力で、『史記』などに見える犬戎《けんじゅう》と同一視されている。戎夷との戦いで王が親征する軍事王としてのあり方は、「共和の政」を経ても放棄されることはなく、宣王にも継承されたということになろう。

戦車を駆使する玁狁

兮甲盤に登場した玁狁は、厲王・宣王の時代に周が敵対した主要な勢力のひとつである。周と玁狁との戦いについて記録した金文はいくつか存在するが、ここでは多友鼎《たゆうてい》（集成二八三五）を見てみることにしたい。

唯れ十月、玁狁方興《ほうこう》して京師《けいし》を広伐するを用て、追《つい》を王に告ぐ。武公《ぶこう》に命じて乃の元士《げんし》を遣わし、京師に羞追《しゅうつい》せしむ。武公、多友《たゆう》に命じて京師に羞追せしむ。癸未《きび》、戎、旬《じゅん》を伐ち、卒《ことごと》く俘《ふ》す。多友西追す。甲申《こうしん》の晨《しん》、䣛《しつ》に搏し、多友に折首執訊《せっしゅしつじん》有り。凡そ公の車を以《ひき》いるに折首二百又□又五人、執訊廿又三人あり、戎車を俘すこと百乗一十又七乗あり、卒く旬人の俘を復《ふく》す。……

（十月、玁狁が一斉に蜂起して広く京師に侵攻したことにより、追撃を王に上申した。［王は］武公にその配下を派遣して京師に追撃するよう命じた。武公は多友に京師へと追撃するよう命じた。癸未の日、戎［玁狁］は旬の地を伐ち、尽《ことごと》く捕虜とした。多友は西方に追撃した。甲申の日の早朝、𨙸の地で敵軍を伐ち、多友は敵首と捕虜を得た。武公の戦車を率いて、敵首二百□五人、捕虜二十三人を獲得し、戦車百十七車両を鹵獲し、旬人の捕虜をすべて奪回した）

ここでは玁狁が「京師」に侵攻したことを承け、周側の多友という部将が出撃している。京師と言えば後代の文献では都のことを指すが、西周の時代に既にそのような用法があったかどうかはわからない。

この「京師」については様々な議論がある。中国の研究者楊博《ようはく》は、豊鎬から周王室の故地である豳《ひん》までを含めた広い範囲の区域を指すと主張している。豳の位置についてもいくつか説があるが、楊氏は現在の陝西省富平《ふへい》県、西安市閻良《えんりょう》区の一帯ではないかという。周王のお膝元の豊鎬も危うい状況に陥り、かなり危機感を持った状態で玁狁の侵攻に対処したということになるだろう。

この戦いで多友が直接の主君にあたる武公の戦車を率いて戦い、敵軍の捕虜などとともに戦車を鹵獲しているのが注目される。玁狁（犬戎）については、後章で登場する匈奴のような、騎馬による戦いに慣れた遊牧民とされることが多いが、戦車の使用など戦法の面では周の人々と大きく変わることはないようである。アメリカの中国古代史研究者李峰《りほう》は、玁狁は遊牧民ではなく、中国北方に広く分布していた農耕民と牧畜民の複合集団のひとつであると結論づけている。

玁狁は、多友鼎では「戎」の一種として位置づけられている。戦法の面で周と大きな違いが見出せないというのは、戎だけでなく、東夷・淮夷のような「夷」や、鬼方・虎方などの方国も同じである。

周と鬼方との戦いを記録した小盂鼎では、「馬を俘すること□□匹、車を俘すること卅《さんじゅう》両、牛を俘すること三百五十五牛、羊卅八羊」、あるいは「馬を俘すること百四匹、車を俘すること車百□両」といった具合に、周側が馬、あるいは牛や羊といった家畜類とともに戦車を鹵獲している（ただし中華民国期の著名な学者である王国維《おうこくい》の古典的な学説では、鬼方は玁狁と同一視されている）。

中国古代史の分野の竹内康浩《たけうちやすひろ》は彼らについて、周と同じ武器を用い、同じ戦闘様式をとる、共通の文明圏に属する勢力だったのではないかとする。周が敵としてきたのは、こうした人々であった。

馬車の復原

牧野の戦いでの勝利の要因のひとつとされているように、周の人々は戦車、あるいは日用の馬車の使用に習熟していた。

中国古代の馬の利用について研究する菊地大樹《きくちひろき》が指摘するように、西周時代には王朝や各地の諸侯国で馬の飼育管理が行われていた。金文には馬の調教を開始するにあたって子馬を母馬から引き離す「執駒《しっく》」の儀礼の記録が見える。

金文には更に臣下への賜与品として、馬車や車を引く馬とともに、馬車・戦車の部品となる車馬具の名前がしばしば現れる。

たとえば三年師兌簋《さんねんしえつき》（集成四三一八〜四三一九）では、師兌という人物が王より「秬鬯一《きょちょういち》卣《ゆう》」（黒黍《くろきび》で醸した酒一樽分）のほか、「金車《きんしゃ》・賁較《ほんかく》・朱虢鞃《しゅかくこう》・䡞靳・虎冟熏裏《こべきくんり》・右軛《ゆうあく》・画轉《がはく》・画輯《がびん》・金甬《きんよう》・馬四匹・攸勒《ゆうろく》」を賜っている。このうち「金車」が銅製の馬車（金は銅の意）、「馬四匹」がこれを引く馬を指し、残りが車馬具の名称である。ここで挙がっていないものでは、「鑾《らん》」（軛の部分に取り付ける銅鈴）や馬車に指す「旂《き》」（旗）もよく賜与品として見られる。

発掘による出土品の中からも、銅製の車馬具が多く発見されている。林巳奈夫は、そうした発掘品と金文やその他の文献に見える車馬具の名称を照らし合わせ、西周の時代の馬

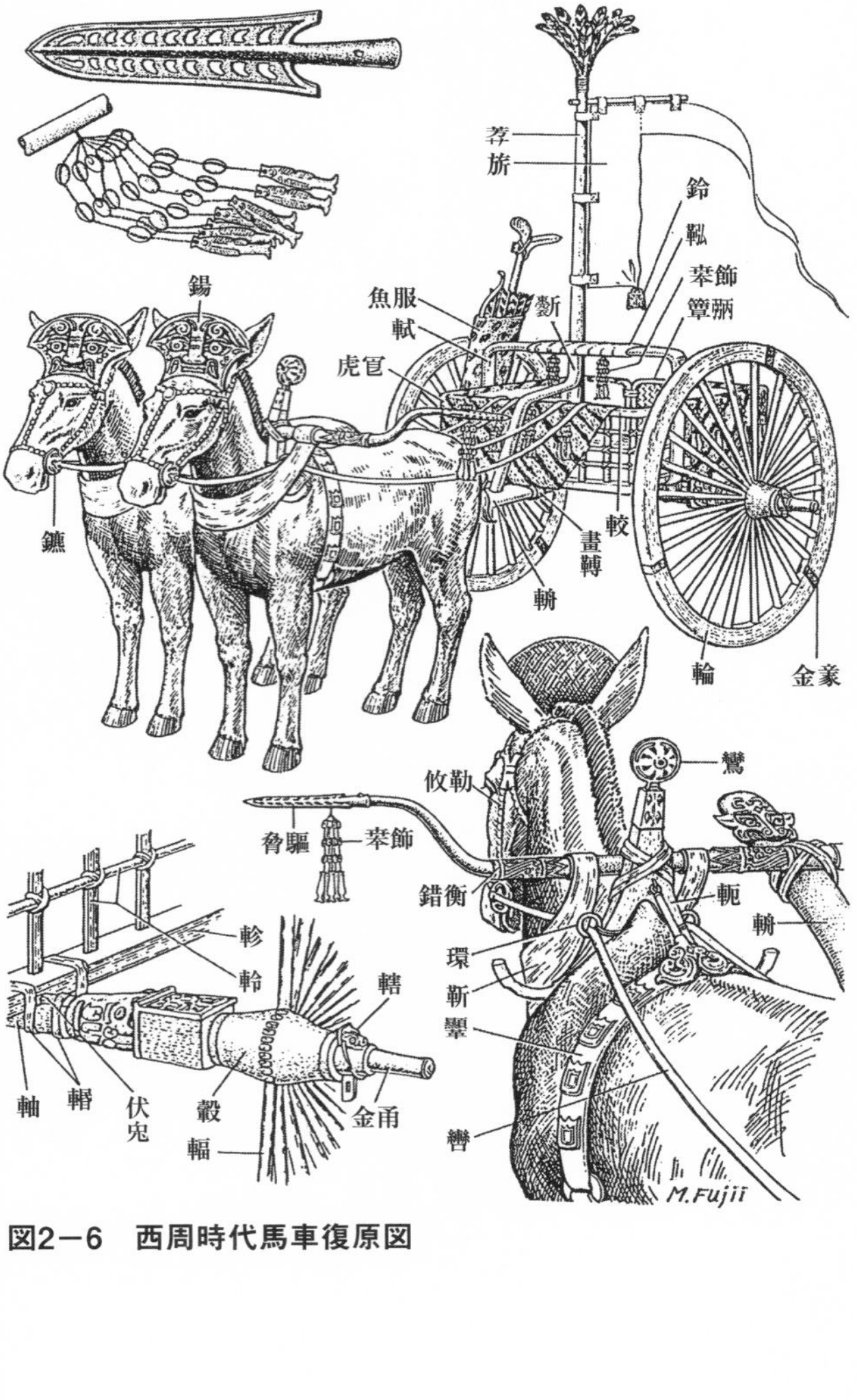

図2−6　西周時代馬車復原図

車の復原を行っている（図2－6）。王臣への賜与品としてはほかに「秬鬯一卣」のような祭祀用品や、衣服・装飾品の類も多く見えるが、馬車・戦車や車馬具は、そういったものとともに王臣など貴族たちの身分や職掌の象徴となっていた。

崩れゆく周軍

周を危機に陥れたのは玁狁だけではなかった。

……烏虖《ああ》哀しきかな、用て天、大喪《たいそう》を下国《げこく》に降す。亦た隹れ鄂侯馭方《がくこうぎょほう》、南淮夷・東夷を率いて南国・東国を広伐し、歴内《れきだい》に至る。王、廼《すなわ》ち西の六師・殷八師に命じて曰く、「鄂侯馭方を撲伐し、寿幼《じゅよう》を遺《のこ》す勿かれ」と。肆《ここ》に師、弥《ひさ》しく怵《おそ》れ匌《あまね》く恇《おび》え、鄂を伐つ克《あた》わず。肆に武公、廼ち禹を遣わして公の戎車《じゅうしゃ》百乗・斯馭《しぎょ》二百・徒《と》千を率いしむ。……雩《ここ》に禹、武公の徒馭《とぎょ》を以《ひき》いて鄂に至り、鄂を敦伐し、休にして厥の君馭方を獲《え》たり。肆に禹に成《せい》有り。……

（ああ哀しいかな、天は大きな災いを下界に降された。またも鄂侯馭方が南淮夷・東夷を率いて広く南国・東国に侵攻し、歴内の地に至った。王はそこで西の六師・殷八師に「鄂侯馭方を討伐し、老人や子供も一人も残してはならない」と命じたが、周の軍は敵に怯え、鄂に勝てなかった。武公はそこで禹を派遣し、武公の戦車百両・車兵二百・歩兵千人を率いさせた。……禹は武公の歩兵・車兵を率いて鄂の地に至り、鄂を伐ち、首尾良くその君馭方を捕らえた。禹には功績があった）

右に引く禹鼎《うてい》（集成二八三三～二八三四）によると、諸侯の鄂侯馭方という者が南淮夷や東夷を糾合して周の南方・東方の領域に侵攻し、その討伐に差し向けられた周の正規軍六師と八師を打ち破っている。玁狁が活動した周の西北だけでなく、東南でも動乱がおこっていたのである。

反乱をおこした鄂侯の封地は、前述のように、昭王の南征の際に拠点となる「師」が置かれた土地であり、同じく南征の拠点となった曾国と隣り合う土地である。鄂侯は周の南方の拠点を押さえる人物ということになり、その反乱の衝撃は禹鼎の文中の「烏虖哀しきかな、用て天、大喪を下国に降す」や「寿幼を遺す勿かれ」という強い表現から察することができる。

鄂侯馭方による反乱に六師・八師は太刀打ちできず、多友鼎にも登場した武公が、やはりその部下にあたる禹に自分の軍隊、おそらくはその私兵を与えて鎮圧させている。武公は西北方面と東南方面の両面で動乱を鎮圧した周の総司令官という立ち位置となる。

㝬鐘では厲王が親征して南国の服子を従え、南夷・東夷に属する二十六邦の首領がその威光にひれ伏す一方で、禹鼎では六師と八師は鄂侯馭方の反乱を鎮圧できなかった。この時期の周王朝の軍事力をどう評価すればよいだろうか。

その問題を考えるヒントは禹鼎と多友鼎にある。禹鼎では、六師・八師の敗北を承け、おそらくは王命によって王臣の武公が反乱に対処することとなった。そして武公はそのまた配下の禹という人物に自分の戦車や兵士を与えて出撃させている。多友鼎では王が武公にその「元士」すなわち配下に出撃させるよう命じ、武公は多友に自分の戦車を与えて出撃させている。

つまり周では、王の手持ちの兵力が乏しくても、武公のような王臣や諸侯に命じることで、彼らの兵力、あるいは彼らの配下の兵力を動員できる体制になっていたのである。韓国の著名な中国古代史研究者沈載勲《シムジェフン》は、このような統属のあり方を「重層性私属関係」と名づけ（この用語の韓国語からの漢語訳は李裕杓によるものである）、周王はこれによって強大な軍事力を擁することができたのだと主張している。

厲王の親征を記録したものとしては、㝬鐘のほかに晋侯蘇鐘《しんこうそしょう》（銘図一五二九八～一五三一三）がある。これは厲王が晋侯蘇（晋の献侯《けんこう》に比定される）を率いて夙夷《しゅくい》などの勢力を征伐したことを記録したものである。この銘文では晋侯の兵のほか、厲王自身の兵力として見えるのは、「大室《たいしつ》の小臣《しょうしん》・車僕《しゃぼく》」である。「大室」というのは王の廟宮《びょうきゅう》のことで、「大室の小臣・車僕」とは、要するに王の近臣や奴隷から成る手勢ということであろう。夙夷征伐は六師・八師を動員したものではなかった。㝬鐘に見える服子の征伐も、厲王自身はこうした手勢のみで臨み、従軍した王臣や諸侯の兵力によって勝利を得たということかもしれない。

李裕杓が指摘するように、実のところ金文で六師と八師が戦争に動員されたことを示す記録はそれほど多くない。周王朝の軍事力が「重層性私属関係」に頼るものとなったのは、たとえば後代の唐王朝で均田制《きんでんせい》を基礎とした徴兵制（府兵制《ふへいせい》）が破綻し、清王朝で正規軍とされた八旗《はっき》・緑営《りょくえい》が形骸化したように、何らかの事情で六師・八師の制がうまく機能しなくなったということなのか、特に六師に関しては昭王の南征の挫折からの立て直しが進まなかったということなのか、その背景については更なる研究の必要がある。

鄂侯馭方の乱は、そうした軍事体制のもとで維持されていた「溥天の下」の「王土」の守りが脆《もろ》いものであったことを示している。軍事王たらんとした厲王があっさり追放されてしまったのも、私属させていたはずの王臣たちが背き、それに対処するための兵力に乏しかったからではないかという事情が見えてくる。厲王が亡命した彘の地は、彼が私属させていた晋侯の領土内にあったとされる。そしてそうした軍事的な脆さは、西周の滅亡にも影響することとなる。

西周を滅ぼしたのは何か

西周の滅亡といえば、『史記』周本紀などに見える幽王《ゆうおう》と褒姒《ほうじ》の話が知られている。西周最後の王となる幽王は申侯《しんこう》の娘を正后とし、彼女との間に生まれた宜臼《ぎきゅう》（後の東周初代平王《へいおう》）を太子としていた。しかし幽王は褒姒を寵愛するようになり、彼女が伯服《はくふく》を生むと、申后《しんこう》と宜臼からその地位を奪い、褒姒を正后に、伯服を太子に立てた。伯服は古本『竹書紀年』や『繫年』では「伯盤《はくばん》」とする。

その褒姒はなかなか笑わなかったので、幽王は彼女を笑わせるために、敵の侵攻を諸侯に知らせるための烽火《のろし》を何事もないのに上げさせて諸侯を駆けつけさせるということを何度も繰り返し、諸侯を呆れさせた。そのうちに申侯が娘と宜臼の廃されたのを恨み、繒国《そう》や犬戎とともに幽王を攻めた。幽王は烽火を上げたが駆けつける者もなく、幽王は驪山《りざん》の麓で殺されてしまった。西暦では前七七一年のこととされる。驪山は今の陝西省西安市臨《りん》潼区《どう》にあり、その北麓に「驪山陵」の名で知られる始皇帝陵が存在する。

この周本紀の話などをもとに、西周は犬戎によって都を攻略されて滅亡したと説明されることが多い。しかし西周の滅亡の背景はそう単純に片付けられるわけでもない。李峰は西周の滅亡を導いた要因として、昭王の南征挫折以後の長期的な周王朝の衰退と厲王の亡命などの政治的混乱、厲王の頃から本格化した玁狁の侵攻、そして幽王の後継をめぐる周王朝内部の対立の三つを挙げている。

周本紀では幽王の正后と太子の座をめぐる対立と犬戎の侵攻とが結びつけられているが、中国古代史研究者の吉本道雅《よしもとみちまさ》は、申の反抗と犬戎の侵攻とは元来別々の事件だったのが、西周の滅亡が物語化される過程で結びつけられたのではないかと考えている。

『繫年』第二章によると、平王（『繫年』では即位前の宜臼も王号で称している）が母の実家である西申へと逃亡すると、幽王は軍を発し、平王を西申で包囲したが、申国の人は平王の身柄を幽王に引き渡さなかった。一方、繒国の人が西戎（玁狁・犬戎）に降伏し、幽王を攻め、幽王及び伯盤が滅んだ。周はこうして滅んだのであるという。

ここでは幽王が申国を攻めている隙を突いて繒国と西戎が幽王と伯盤を攻め滅ぼしたようであるが、繒国の人がなぜ西戎に降って幽王を攻めたのかという事情は語られていない。やはり幽王と平王との対立と、繒国と西戎が幽王を攻めたことは、別個の事柄であるとされているようである。

申国を包囲するのに、あるいは幽王と伯盤を守るために六師と八師は動員されたのだろうか。周本紀に暗示されるように、彼らに「私属」して従軍する王臣や諸侯はいなかったということなのだろうか。彼らに付き従っていたのは、晋侯蘇鐘に見える「大室の小臣・車僕」のような手勢のみだったのかもしれない。

玁狁の王畿への侵攻自体は厲王の頃から百年以上にわたって続いてきたことである（周本紀によると厲王の在位年が三十七年、共和の政が十四年間続き、宣王が在位四十六年、幽王が十一年で、計百八年となる）。玁狁による西周の滅亡は、いずれは免れなかったのかもしれない。しかし幽王の後継者をめぐる対立がなければ、「重層性私属関係」がうまく作用すれば、西周王朝はもっと長続きした可能性がある。西周を滅ぼしたものは果たして何だったのだろうか。

第三章　春秋時代　「国際秩序」の形成

周の東遷以後、周王朝が弱体化していくとともに地方を統治する諸侯が力を持ち、互いに争うようになる。その中で有力な諸侯が覇者となり、「尊王攘夷」を掲げて周王朝を支えた。晋の文公の十九年にわたる亡命生活、宋襄の仁、呉越の争いなど、数々のエピソードで知られる時代であるが、彼らはどのようにして諸侯国同士の外交を身につけたのだろうか。その様子を探っていこう。

【年表】

前七〇〇年代中盤　周の東遷
前七〇七年　繻葛の戦い……鄭が周を破る
前六五一年　葵丘の会……斉の桓公が覇者となる
前六三二年　城濮の戦い、践土の会盟……晋が楚を破り、晋の文公が覇者となる
前五七九年・前五四六年　弭兵の盟……晋・楚の講和
前五〇六年　柏挙の戦い……呉が楚を破る
前四七三年　呉の滅亡
前四五三年　晋陽の戦い……晋の韓・魏・趙の三氏が智氏を滅ぼす

【人物】
周の携王　周の平王　鄭の荘公　斉の桓公　宋の襄公　晋の文公　華元　司馬子反
呉王闔閭　呉王夫差

第一節　東遷と新たな秩序の模索

二王並立と東遷

『史記』周本紀では、幽王の死後、諸侯は申侯とともにもとの太子宜臼を平王として立て、平王は「戎寇《じゅうこう》」を避けるために都を東の洛邑に遷したとする。すなわち東遷であり、その年代は西暦で前七七〇年とされてきた。

一般的にはこの前七七〇年以降を東周時代とし、更にその前半を春秋時代、後半を戦国時代とされてきた。これ以後周王朝の威信は失墜し、群雄割拠の乱世となったとされる（図3－1の地図を参照）。

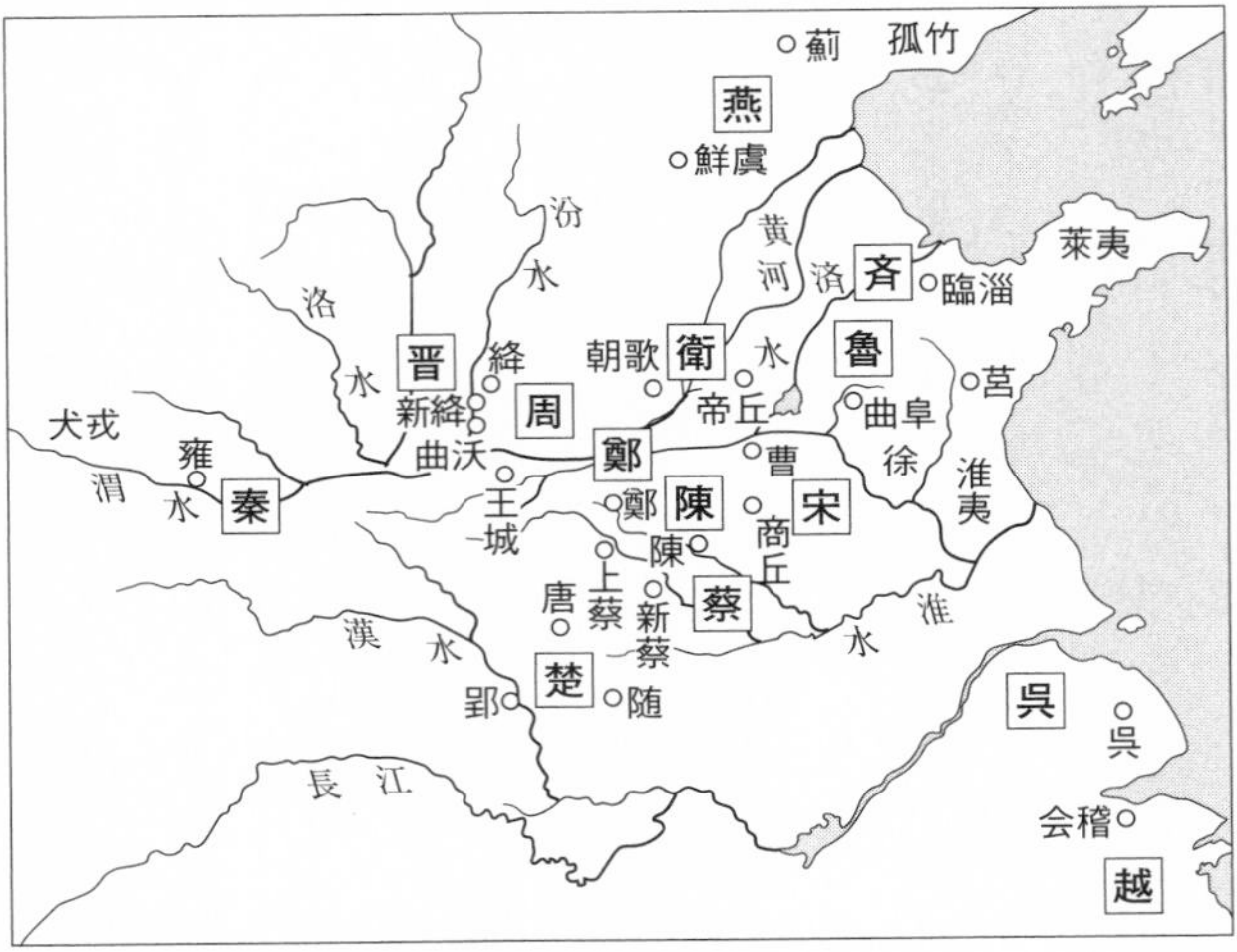

図3−1　春秋時代地図

「春秋時代」という呼称の由来となったのは、魯国の史書で五経のひとつである『春秋《しゅんじゅう》』という文献であるが、その『春秋』の記述が始まるのは前七七〇年ではなく、前七二二年である。その間のことは史料の不足もあり、わからないことが多い。一種の「暗黒時代」である。吉本道雅は、西周の滅亡から『春秋』の記述が始まるまでのおおよそ半世紀間を「東遷期」と位置づける。

東遷期については、古本『竹書紀年』や清華簡『繫年』が不足を補う史料となる。この二つは、東遷の事情や幽王の後継について、『史記』とは異なった情報を伝える。まずは古本『竹書紀年』から見てみよう。こちらでは申侯、魯侯《ろこう》、許《きょ》の文公《ぶんこう》が平王を申に擁立する一方で虢公翰《かくこうかん》が王子余臣《おうじよしん》なる者を擁立したとある。これを携王《けいおう》と呼ぶ。周では平王と携王の二王が並立したという。しかし携王は晋《しん》の文《ぶん》侯《こう》（後の覇者文公とは別人）によって殺害され、王統は平王に統一された。

携王のことは『繫年』第二章にも見える（図3－2）。こちらは書き下し文を引いておこう。

……邦君《ほうくん》・諸正《しょせい》乃ち幽王の弟余臣を虢《かく》に立つ、是れ携恵王《けいけいおう》たり。立つこと廿《にじゅう》又一年、晋文侯仇《きゅう》乃ち恵王を虢に殺す。周に王亡《な》きこと九年、邦君・諸侯焉《ここ》に始めて周に朝せず。晋文侯乃ち平王を少鄂《しょうがく》に逆《むか》え、之を京師に立つ。三年、乃ち東徙し、成周に止《とど》まる。晋人焉に始めて京師に啓《ひら》き、鄭の武公も亦《ま》た東方の諸侯を正す。

邦君諸正乃立幽王之弟

余臣于虢是携恵王

図3－2　清華簡『繫年』第二章（部分）

（邦君と諸官の長はそこで幽王の弟余臣を虢の地で擁立した。携の恵王である。即位から二十一年、晋の文侯仇が恵王を虢の地で殺害した。周に王の無い状態が九年続き、邦君・諸侯はここにようやく周に朝見《ちょうけん》しないようになった。晋の文侯はそこで平王を少鄂の地に迎え、京師に擁立した。［平王の］三年、東遷し、成周［洛邑］の地に留まった。晋国の人はここに初めて京師に進出し、鄭の武公もまた東方の諸侯の長となった）

この記述により王子余臣が幽王の弟であったことが判明する。ここでは「携恵王」「恵王」と呼ばれている。彼は邦君・諸正、すなわち王畿内に采邑を持ち、王朝の執政を務めうる有力者や諸官の長に擁立された。古本『竹書紀年』で携王を擁立したことになっている虢公翰も、この邦君・諸正の中に含まれるであろう。

そして文中で「立つこと廿又一年」「周に王亡きこと九年」「三年」と三つの年数が出てくるが、これらの解釈をめぐっては様々な議論があり、決着を見ていない。本書ではさしあたって水野卓《みずのたく》の説を紹介しておくことにする。

水野氏はここに引いた文のうち、「邦君・諸正乃ち幽王の弟余臣を虢に立つ、是れ携恵王たり。立つこと廿又一年、晋文侯仇乃ち恵王を虢に殺す」を携王側の動向を示したもの、その後に続く「周に王亡きこと九年、邦君・諸侯焉に始めて周に朝せず。晋文侯乃ち平王を少鄂に逆え、之を京師に立つ」が平王側の動向を示したものと解釈し、この二つが並行して進行したと考える。

「立つこと廿又一年」は携王の在位年とする説が一般的だが、水野氏は晋の文侯の紀年であると解する。晋の文侯は前七八〇年に即位したとされるので、その二十一年は前七六〇年である。そして「周に王亡きこと九年」にも様々な解釈があるが、これを幽王の没後九年、すなわち前七六二年を指すとする。

水野説によって双方の動向をまとめると、次のようになる。まず前七七一年に幽王と伯盤が死ぬと、ただちに携王が擁立され、更に前七六二年に平王が擁立された。前七六〇年に携王が晋の文侯によって殺害されるが、この年はまた平王の即位三年目に当たっており、東遷が行われた年でもある。平王は即位三年目まで携王と並立していたことになる。

水野氏は東遷の年代として従来の前七七〇年と異なる前七六〇年説を提示しているが、ほかにも『繫年』に基づいて前七三八年説や前七五八年説、前七五九年説、前七六八年説などが提示されている（諸説の詳細については水野氏の論考を参照）。『繫年』では一旦京師（この京師とは、前章で触れたように豊鎬から豳までの区域を指す）で擁立されたはずの平王が成周に東遷した事由については触れていないが、水野氏は携王の殺害との関連を推測している。携王の滅亡により、晋の京師への進出と東遷が可能になったのではないかと見ているのである。

しかし周王朝はこれ以後京師に戻ることはなく、天子として一定の権威を保ちつつも、洛邑周辺を領有するのみの地方政権の道を歩んでいく。豊鎬と洛邑、王畿と畿外の地をつないだとされる周道の保持も当然ままならなくなっただろう。

王朝の本拠地でなくなった後の関中を領有したのは秦国である。『史記』秦本紀には、東遷の際に平王を守った功績により諸侯として立てられたとある。吉本道雅は、それはおそらく創作であり、実際のところは、東遷によって無秩序地帯になった関中に入って自立したのではないかとする。

なお、東遷以後も犬戎が時折侵攻してきたようで、『春秋左氏伝《しゅんじゅうさしでん》』（以後、『左伝《さでん》』と略称する。『春秋』の注釈のひとつだが、春秋時代のエピソードを多く紹介しており、この時代の主要な史料として用いられる）の閔公《びんこう》二年（前六六〇年）の条には、虢公《かくこう》が渭汭《いぜい》、すなわち渭河が黄河に入る箇所、現在の陝西省華陰《かいん》市の東北で犬戎を破ったとある。

吾れ王を葛に逐う

携王を擁立した邦君・諸正は、王朝に直接仕える重臣である。前章に引いた柞伯鼎に登場した虢仲や柞伯、多友鼎と禹鼎に見える周の総司令官武公などがこれに該当する。彼らは周王とともに西周時代の主役であった。柞伯が蔡侯を使役したように、諸侯は周王の権威を背にする彼らによって使役される存在であった。

その邦君・諸正が携王を擁立したのに対し、申侯ら諸侯が平王を擁立し、更に晋の文侯によって携王が殺害されたことは、邦君・諸正から諸侯へという時代の主役の移り変わりを予兆するかのようである。

もうひとつ主役の交替を印象づける事件がある。前七〇七年におこった、周と鄭《てい》との間の繻葛《じゅかつ》の戦いである。携王が殺害された前七六〇年（この年代は前述の通り水野氏の説による）から間が半世紀以上空いている。あるいは、その間にも周王や邦君・諸正の没落を示すような事件があったのかもしれない。

繻葛の戦いについて見ていく前に、一方の当事者である鄭について見ておこう。鄭の初代桓公《かんこう》は文献上では宣王の弟とされるが、吉本氏は幽王の弟とする。鄭の封地《ほうち》はもともと現在の陝西省華《か》県にあったとされ、桓公は王朝の司徒《しと》を務めていたが、周王朝の東遷にともなって現在の河南省新鄭《しんてい》市へと移った。

『史記』鄭世家《ていせいか》では、幽王が犬戎によって敗死した際に桓公も殺害されたとあるが、吉本氏はこれを誤りとする。『左伝』隠公《いんこう》六年に「我が周の東遷するに、晋・鄭に焉《こ》れ依《よ》れり」（我が周が東遷した際には、晋と鄭を頼りとした）とあるので、鄭は晋の文侯とともに周の東遷を助けたのであろう。

桓公の死後、鄭の国君の位は武公《ぶこう》、荘公《そうこう》と受け継がれていく。武公・荘公父子はそれぞれ王朝の卿士、すなわち宰相を務めた。荘公の時代まで、諸侯ではなく邦君・諸正の立場にあったわけである。桓公・武公・荘公三代の事績については、新出の資料に断片的な記述が見える。

そうした新出資料のひとつである清華簡『鄭文公問太伯《ていぶんこうもんたいはく》』は、鄭の老臣太伯と国君文公との問答を収めたものである。太伯の言葉によると、鄭がこの三代にわたって一歩一歩支配範囲を広げていき、武公の時代には魯・衛・蓼《りょう》・蔡の諸国が来見《らいけん》したという。中原や東南方の諸侯から信望を得ていたようである。前項に引いた『繫年』第二章に「鄭の武公も亦た東方の諸侯を正す」とあるのは、このことと関係しているのかもしれない。

周王は次第に鄭を警戒し、対抗馬として虢公《かくこう》を重用するようになる。虢は周の文王の弟の虢仲《かくちゅう》・虢叔《かくしゅく》を始祖とし、西周時代より王朝の有力者を輩出してきた氏族である。柞伯鼎の虢仲や、携王を擁立した虢公翰もそのひとりである。

東周第二代の桓王は虢公も卿士に任命し、鄭の荘公を左卿士、虢公を右卿士とした。前七〇七年に桓王が荘公から政権を奪って卿士を罷免すると、怒った荘公は周に朝見しなくなった。桓王はこれを懲罰するために諸侯とともに鄭に攻め込んだ。これが繻葛の戦いである。

この時に周側は桓王自身が中軍を率い、単独の卿士となった虢公林父《かくこうりんほ》が右軍の将となり、そして同じく桓王の重臣である周公黒肩《しゅうこうこくけん》が左軍の将となった。周とともに鄭を攻めた諸侯のうち、蔡と衛は虢公林父のもとに配属され、陳は周公黒肩のもとに配属されている。これは柞伯鼎で虢仲・柞伯が蔡侯を指揮していたのと同様である。東遷後も周王の権威を背景とした王臣が諸侯を指揮するという軍事的伝統が保持されていたのである。

しかし周は鄭に大敗を喫し、桓王自身も矢を肩に受けて負傷した。これにより周王の威信は失墜し、逆に鄭の声望は高まっていく。『鄭文公問太伯』では、この戦いでの鄭の勝利を「吾れ王を葛《かつ》に逐《お》う」（我が鄭は王を繻葛の地で敗退させた）と表現している。

卿士を罷免された荘公以後、鄭は邦君・諸正の立場から離れて諸侯としての道を歩むようになる。繻葛の戦いにおける周の大敗は、やはり邦君・諸正から諸侯へという時代の主役の交替を象徴する事件と位置づけられる。

それとともに、これまで戦争と言えば、周王朝と戎夷などの外部勢力との戦いが中心であったが、これに加えて、王朝内勢力である諸侯同士の戦いの比重が強まっていく象徴ともなっている。

覇者の魁

鄭の荘公は近現代の研究者によって「小覇《しょうは》」と位置づけられている。斉の桓公や晋の文公といった覇者の魁ということである。当時の鄭は斉と親密な関係にあったが、『国語』鄭語に「斉の荘《そう》・僖《き》、是《ここ》に於いて小伯《しょうは》たり」（斉の荘公・僖公はそこで小伯となった）とあるように、東遷の前後の斉の国君である荘公やその子の僖公もやはり覇者の魁として位置づけられていた（「小伯」の「伯」は「覇」と同義）。

覇者といえば、次節で見ていくように盟主として諸侯との会盟を主宰し、諸侯を率いて外敵と戦ったり、諸侯間の利害を調整する役割を担うといったイメージを持つ読者が多いだろう。当時の鄭や斉にもそうした動きが見られる。

たとえば繻葛の戦いの翌年、斉が北戎《ほくじゅう》の侵入を受けると鄭に救援を求め、鄭の太子忽《たいしこつ》が救援に赴き、北戎の軍を打ち破っている。戎夷との戦いでは、西周時代においては王朝が指令を下していた。しかし今や周王朝にはそのような能力がない。諸侯は自分たちで戎夷に対処しなければならなくなった。

会盟については、前七一五年の温《おん》・瓦屋《がおく》の会盟を取り上げておこう。鄭は周辺の宋・衛・陳・蔡といった諸国と対立関係にあり、前七一九年にこの四ヵ国が鄭の国都の東門《とうもん》を包囲する（この戦いを「東門の役」と呼ぶ）といった具合に、しばしばこれらの国から侵攻を受けていた。

鄭は周辺諸国との関係修復を図るようになり、前七一六年に宋国、ついで陳国との講和を成立させる。しかし鄭と宋との講和が逆に宋と衛との関係悪化につながったようで、翌前七一五年に「小伯」斉の僖公が宋と衛との講和を取り持っている。そしてこの宋・衛の講和を承けて、斉は同年に温の会、ついで瓦屋の盟を主宰し、東門の役の怨みを解き、鄭・宋・衛三ヵ国の講和を確定させている。

「国際政治」の誕生

こうした諸侯国同士の外交や対立関係は、近代的な「国際政治」の観点から語られることが多い。東周時代の比較的対等な立場の諸侯国間による関係性が、近現代の主権国家による「国際秩序」と似ているというわけである。

春秋の諸侯国は「国際政治」のあり方をどのようにして身につけていったのだろうか。西周の滅亡後に申侯ら諸侯が共同で平王を推戴したことからすると、西周の末期までには彼らは互いに外交を行うようになっていたようである。

西周時代の諸侯に外交のようなものがあったとすれば、その主な相手は周王朝、あるいは王朝の有力者である邦君・諸正であったと思われる。江戸時代の大名の主要な交渉相手が幕府あるいは幕閣であったのと同様である。

西周時代には諸侯が王朝を差し置いて会盟を開いたり軍事的な同盟を形成するといった

ことはなく、諸侯同士の交流と言えば、姻戚関係や儀礼的な関係によるものが主であったはずである。

ただ、それ以外にも諸侯国間で紛争がおこった際に、解決のために交渉を行うということはあったようである。たとえば、台北の国立故宮博物院所蔵の三大青銅器のひとつ散氏《さんし》盤《ばん》（集成一〇一七六）は、矢《そく》国と王畿内に采邑を持つ散伯《さんはく》との間の紛争が解決に至ったことを記録する約定である。

ことのおこりは矢国の側が散伯の邑を侵犯したことにある。矢国側が自分たちの非を認めて散側に土地を割譲して補償することになった。銘文には、割譲される土地の境界や、割譲に立ち会った人員、そして補償を行った矢側による誓約の言葉が事細かに記録されている。こうした経験の蓄積が諸侯国間の外交や「国際政治」の形成につながったのかもしれない。

第二節　覇者たちの尊王攘夷

五覇の登場

鄭は荘公の死後、その子の太子忽と公子突《こうしとつ》との間で後継争いがおこるなど内紛が続き、衰退していく。

一方、斉の小伯としての地位は、僖公からその子の襄公《じょうこう》、更にはその弟の桓公《かんこう》へと受け継がれていく。管仲《かんちゅう》・鮑叔《ほうしゅく》が輔佐したことで知られる、「春秋の五覇」の筆頭斉の桓公である。斉は桓公の時代に突然大国になったわけではなく、父祖の小伯としての地位を基盤としていた。

桓公は、宋・陳・衛・鄭といった諸国と同盟を結んで諸国の盟主となった。桓公以後、覇者を中心とする同盟関係は、単なる多国間同盟にとどまらず、それが機構化されていく。これが小伯と覇者との違いになるのであるが、この同盟関係の機構化については後文で詳しく見ていくことにしたい。

桓公は諸侯だけでなく周からも頼られる存在となっている。周では東周第五代の恵王《けいおう》の後を太子鄭《たいしてい》(後の襄王《じょうおう》)が継ぐはずであったが、恵王は弟の王子帯《おうじたい》の方をかわいがっており、太子鄭は弟に取って代わられるのではないかと不安に思っていた。そこで斉の桓公を頼ることにしたのである。

桓公は前六五五年に首止《しゅし》の会を開き、太子鄭及び諸侯たちと盟約を結び、その地位の保全を図っている。そして前六五三年に恵王が亡くなると、太子鄭は父王の死を隠して再び桓公を頼った。桓公は翌前六五二年に周の人や諸侯とともに洮《とう》の地で盟約を交わし、太子鄭はこれでようやく父王の死を公表し、襄王として即位することができた。

更にその翌年の前六五一年に葵丘《ききゅう》の会が開かれると、襄王は使者を派遣して桓公に文《ぶん》武《ぶ》の胙《そ》、すなわち文王・武王への祭祀で供物として用いられた肉を贈り、桓公の覇者としての地位を公認している。斉の始祖とされる太公望が文王・武王を輔佐したように、桓公も襄王を支えて欲しいという含みが込められている。

太公望は呂尚《りょしょう》、師尚父《ししょうほ》などとも呼ばれ、周公・召公らとともに文王・武王を支えた重臣、あるいは文王・武王の軍師とされている。しかし西周の同時代史料である金文からは、周公・召公が重臣として活躍したことが読み取れるのに対し、斉の始祖からはそのような痕跡が読み取れない。太公望が周公・召公と並ぶ重臣であったというのは、桓公の覇権が周に認められるにともなって作られた神話であろう。

桓公の攘夷

「尊王攘夷」といえば多くの読者は日本の幕末を連想するだろうが、もともとは春秋時代の覇者のとった行動を示す言葉である。襄王を保護してその地位を安定させたのが桓公の「尊王」であるとすれば、「攘夷」、すなわち外敵との戦いはどのようなものであったのだろうか。桓公の時代にも諸侯たちは戎夷の侵攻に悩まされており、桓公は諸侯たちへの支援を行っている。

時は葵丘の会より以前にさかのぼるが、前六六四年には、桓公は魯国とともに山戎《さんじゅう》に侵攻された燕国を救援している。そして現在の河北《かほく》省邢台《けいだい》市の西南に位置していた邢国が狄《てき》に攻め込まれると、斉は宋国・曹《そう》国とともに出兵して救援している。ただ狄の攻撃が激しくて防ぎきれないと判断したのか、邢国の都を夷儀《いぎ》（現在の山東省聊城《りょうじょう》市の西）に遷させ、宋・曹とともにその城壁を築いている。

同時期に衛国も狄に攻め込まれ、こちらは国都の朝歌《ちょうか》が陥落し、一旦国が滅亡している。この時の国君は懿公《いこう》とされる。『左伝』閔公《びんこう》二年に、この懿公が鶴を好み、軒《けん》（大夫以上が乗る車）に乗せるほど珍重していたので、狄との戦いがおこると、日頃主君の鶴びいきに不満を持っていた国人《こくじん》たちから「鶴を使え。鶴実《まこと》に禄位《ろくい》有り、余焉《いずく》んぞ能《よ》く戦わん」（鶴に戦わせろ。鶴には禄位があるのだから、俺たちが戦うことはない）と出征を拒絶されたという話が見える。台湾の鄭問《ていもん》のコミック『東周英雄伝』にもこのエピソードが描かれているので、印象に残っている読者もいるだろう。

懿公は自ら出征したが、大敗し、命を失っている。衛が狄に滅ぼされたことは清華簡『繫年』第四章にも見え、赤翟《せきてき》（赤狄）の王卯虎《ぼうこ》が軍を起こして衛を伐ち、衛の軍を睘《かん》の地で大敗させ、幽侯《ゆうこう》（懿公の誤りか）が滅んだとある。ここでは狄の君主の名も記録されている。

『左伝』によると、戦いの後、衛から脱出した難民たちは懿公の従兄弟にあたる戴公《たいこう》を後継として立てて近隣の曹国に避難し、斉の桓公が軍を派遣して曹国の防衛に当たらせている。そして邢国の時と同様に、前六五八年に衛の国都を楚丘《そきゅう》（河南省滑《かつ》県の東）に遷させ、城壁を築かせている。

国家の滅亡という深刻な話に、懿公が鶴を好んだという笑い話めいたエピソードが盛り込まれているのは、西周の滅亡の話に幽王の烽火の話が盛り込まれているのと同様の趣向である。

桓公の「攘夷」のハイライトとなるのは、南方の楚国との戦いである。楚は春秋時代に入ると、中原への北進を図り、近隣の鄧《とう》や息《そく》といった小国を滅亡させたり、やはり近隣に位置する曾（『左伝』では随《ずい》と呼ばれる）・蔡、あるいはそれより北に位置する陳・鄭といった国々を圧迫するようになった。蔡国については圧迫に耐えかねて楚の同盟国となったようである。

楚が特に周に近い鄭にたびたび侵攻するようになると、対楚を意識するようになり、前六五八年には、淮水流域に位置し、蔡と楚に挟まれる形の江・黄国と同盟し、楚からの引き離しを図っている。そして前六五六年には、魯・宋・陳・衛・鄭・許・曹の諸国とともに、まず蔡を討ち、ついで楚に進撃し、召陵《しょうりょう》の地（今の河南省漯河《とうが》市郾城《えんじょう》区）で楚と講和の盟を取り交わした。これを召陵の盟と呼ぶ。

楚の「創られた伝統」

この楚であるが、当時の斉あるいは周王朝にとって戎夷のような外部勢力であったかどうかは微妙な部分がある。

西周の昭王の南征では周側の征伐の対象となった。また『史記』楚世家に、西周後半期の国君熊渠《ゆうきょ》の言葉として「我れは蛮夷《ばんい》なり、中国の号諡《ごうし》に与《あずか》らず」（我らは蛮夷である。だから中国の爵号や諡号には関係しないのだ）とあるように、「蛮夷」と位置づけられている（また、ここで「中国」とあるのにも注目されたい）。これを実証するかのように、西周の滅亡の前後の楚君は「若敖《じゃくごう》」「霄敖《しょうごう》」「蚡冒《ふんぼう》」のような独特の号を称したり、それ以後の君主は王号を称したりしている。

しかし西周時代の楚の金文を参照すると、楚の国君は「楚公逆《そこうげき》」や「楚公豙《そこうか》」といったように「楚公」と周風の号を称している（楚公逆と楚公豙は『史記』楚世家に見える熊咢と若敖熊儀に比定される）。西周の同時代史料によれば、楚も中国の号諡に与っていたのではないかと見られる。

楚はどちらかと言えば戎夷のような外部からの侵略者というよりは、王朝内勢力として中原の諸侯と対立したり、周王朝の権威に挑戦した国家と位置づけた方がよさそうである。楚が蛮夷であり中国の号諡に与らなかったというのは、楚国内の政治的要請によって「創られた伝統」であり、歴史認識だったのかもしれない。

宋襄の仁

斉は桓公の死後、息子たちによる後継者争いがおこり、覇権を維持できなくなる。桓公の息子たちのうち、公子昭《こうししょう》（孝公《こうこう》）の後見役となっていたのが宋の襄公《じょうこう》である。春秋の五覇のひとりとされる人物である。襄公は自国に亡命してきた公子昭を擁立し、前六四二年には曹・衛・邾《ちゅ》とともに斉に攻め入り、公子昭を国君として立てることに成功している。これ以後、襄公は覇者の地位を窺うようになる。

その襄公の前に立ちはだかったのが楚であった。召陵の盟以後も北進自体を断念したわけではなく、前六四八年には斉に接近し、反抗的な態度をとるようになっていた近隣の黄国を滅ぼしている。

宋と楚は前六三八年の泓《おう》の戦いで衝突することになる。泓というのは泓水《おうすい》という川の名前を示す。襄公は楚軍が泓水を渡りきる前に攻撃を仕掛けるべきであると臣下から進言されると、そんな卑怯な振る舞いはできないとこれを退ける。そして楚軍が陣を整えるのを待って正々堂々と攻撃を仕掛けたところ、敗北を喫した。『左伝』僖公《きこう》二十二年では、襄公は輔佐役の子魚《しぎょ》から「君は未《いま》だ戦いを知らず」（殿は戦争というものを知らない）と呆れられている。

　無用の情けをかけて失敗することを示す「宋襄《そうじょう》の仁《じん》」の由来となった話である。しかし『春秋』の注釈書のひとつ『春秋公羊伝《しゅんじゅうくようでん》』の僖公二十二年の条では、「大事に臨《のぞ》みて大礼《たいれい》を忘れず」（戦争という大事に臨んでも礼儀を忘れていない）、「以為《おも》えらく文王の戦いと雖《いえど》も、亦《ま》た此《これ》を過ぎざるなり」（思うに周の文王の戦いでも、やはりこれに勝るものではない）と、逆に「宋襄の仁」に対して肯定的な評価を下している。

　大事に臨んで大礼を忘れなかったとしても負けてしまっては元も子もないではないかと思われる読者もおられるだろうが、敗戦という結果について、『公羊伝』は「君有るも臣無し」、つまり立派な君主は存在しても、それを輔佐する臣下がいなかったのだと擁護している。要するに楚が川を渡ってから対等な条件のもとで勝てなかったのは臣下の責任であるということである。

　この襄公の行動について、中国古代史研究の高木智見《たかぎさとみ》は、当時の「軍礼《ぐんれい》」にのっとったものであると指摘している。軍礼とは、ここでは戦争にまつわる作法や規範意識を指す。スポーツで言えば、競技のルールであるとかスポーツマンシップのようなものである。

高木氏は、『左伝』の中の戦争に関する記述を参照すると、当時の人々が、弓矢による攻撃を交互に行うというルールや、窮地にある敵、脆弱な敵、負傷して戦意のない敵、喪中の敵などへの攻撃を控えたり、敵であっても武勇にすぐれた者には敬意を払うといった規範意識を共有していたことが見出せると言う。襄公の場合は、川を渡る最中で窮地にある敵を攻撃しないという規範を実行したということになる。

実際に敵軍が川を渡っている時に攻撃をしてはいけないというルールが共有されていたようで、『左伝』僖公三十三年には、晋と楚が泜水《ちすい》という川を挟んで対峙した際に、晋軍が楚軍に「そちらが川を渡るのであれば、我が軍は後方に退くので、その間に川を渡って陣を整えよ。あるいはそれが嫌ならそちらが退いて我が軍が川を渡るまで待て」と提案し、楚軍は自分たちが後方に退いたという話が見える。泓の戦いで宋を破った楚も、ここでは渡河の軍礼を共有していたということになる。

こうした背景があったことをふまえると、『公羊伝』が襄公の行動を擁護していることにもそれなりに道理があるということになる。正々堂々とした戦い方を求めるという意識は、新出の兵法書『曹沫之陳《そうばつのじん》』にも見られるが、この文献については次章で『孫子』など他の兵法書とともに詳しく見ていくことにしよう。

この時代に軍礼が共有されていた背景として、諸侯同士であればたとえ敵対していても相手を対等の存在と認めるという対等意識と、祖霊信仰が挙げられる。西周時代と同様に春秋時代においても、前章で触れたような祖霊が出征する子孫に加護を与えてくれるという信仰が存在した。祖霊が自分たちの戦いぶりを見守っているのだから、対等の立場である敵軍に対して正々堂々と戦わなければ、祖霊に顔向けができないというわけである。

諸国間での軍礼の共有は、東遷以後の外交の形成にともなって進んでいったものだろう。高木氏は、軍礼の精神が特に襄公の宋国に息づいていたこと、そしてこのことが「国際政治」の行く末に影響を与えたと指摘しているが、これについては次節で触れることにしよう。

城濮の戦い

宋の襄公は泓の戦いで受けた矢傷がもとで、戦いの翌年に没した。襄公が覇権をつかみきれぬまま、それが晋の文公重耳《ちょうじ》の手に渡ることとなる。晋の後継者争いに巻き込まれ、腹心の者たちとともに長年諸国を渡り歩いた話など、その事績は宮城谷昌光の小説

『重耳』によってよく知られている。

晋は周の武王の子の唐叔虞《とうしゅくぐ》（あるいは武王の弟ではないかと疑う説もある）を始祖とする。そして前章で取り上げた晋侯蘇鐘に見えるように、時の国君である晋侯蘇（晋の献侯）は厲王による親征に参加しており、厲王と親しい関係にあったようである。「共和の政」の際に厲王が王位を追われて亡命した彘《てい》も晋の土地である。東遷期には晋の文侯が平王を支持し、携王を殺害した。吉本道雅が指摘するように、晋国は「勤王」の伝統を持っており、これが文公の「尊王攘夷」へと受け継がれた。

文侯・文公と紛らわしいが、文公重耳は文侯の直接の子孫ではない。文侯の弟桓叔《かんしゅく》の子孫である。晋では、翼《よく》の地（今の山西省翼城《よくじょう》県）を本拠とする宗家の文侯の子孫と、曲沃《きょくよく》（今の山西省曲沃県）を本拠とする桓叔の子孫とが対立するようになった。そして重耳の祖父にあたる曲沃の武公《ぶこう》が翼を滅ぼし、前六七八年に周王朝から晋侯として公認された。晋では代々「文侯」のように侯号を使用していたが、武公以後は公号を使用するようになっている。

前六三六年、文公は五覇のひとりとされる秦の穆公の支援により晋への帰国を果たし、国君として即位した。同年に周の襄王が弟の王子帯の反乱によって洛邑を追われ、鄭に出奔した。斉の桓公の時以来の王位をめぐる対立が解消されていなかったのである。

王子帯側はこの時に狄とともに襄王を攻めている。もともとは襄王が諸侯を攻める際に狄を動員し、その功績から狄の娘を后として立てたりしていた。王子帯がこの狄后《てきこう》（隗《かい》氏《し》）と密通すると、狄は襄王を恨むようになり、王子帯に味方したのである。狄は衛を滅ぼした時のように、周にとって侵略者となることもあれば、このような形でその手先となることもあった。

文公は翌年に王子帯を討ち、襄王を洛邑王城へと帰還させた。これが文公の「尊王」ということになる。

「攘夷」すなわち外敵との戦いについては、前六三二年四月の城濮《じょうぼく》の戦いがよく知られている。晋の文公は諸国を流浪している際に襄公から厚遇されていたこともあり、宋国との関係は良好であった。その宋国が楚から圧迫を受け、晋に助けを求めたことから、晋楚両国が衝突することとなった。

晋は斉・宋・秦と連合し、対する楚は陳・蔡及び鄭が味方した。両軍は城濮（今の山東省鄄城《けんじょう》県の西南）で対陣し、晋側が勝利を収めた。文公が楚軍のために自軍を三舎《さんしゃ》退けたというのはこの戦いの時のことである。「舎」は一日分の行軍距離で三十里（一二・一五キロ）を指す。三舎で三日分の行軍距離となる。文公が流浪していた際の楚の成王《せいおう》との約束に基づく行動とされているが、あるいはこれも軍礼にのっとったものだったのかもしれな

図3－3　子犯鐘（第一鐘）

い。

清華簡『繫年』第七章では、晋側には更に「群戎の師」が、楚側には「群蛮夷の師」が味方したとある。晋は文公の父である献公《けんこう》が戎狄から妻妾を娶るなど、戎狄と縁が深いことで知られる。文公の母親の出身である狐《こ》氏は、戎あるいは狄とする説があり、献公を操って後継争いの原因をつくった驪姫《りき》は驪《り》戎《じゅう》の出身とされる。『繫年』の記述は晋と戎狄との関わりを考えるうえで興味深い。

城濮の戦いの同時代史料として、金文の子犯鐘《しはんしょう》（銘図一五二〇〇～一五二一五。図3－3）がある。台北の国立故宮博物院に収蔵されているが、近年の入蔵ということもあってか、前文で触れた三大青銅器の𫊸鐘や散氏盤に比べると（三大青銅器の残りひとつは毛公鼎《もうこうてい》である）、日本の観光客の注目度は低いのではないかと思う。

隹れ王の五月初吉丁未《ていび》、子犯《しはん》、晋公《しんこう》の左右を佑《たす》け、其の邦に来復す。諸楚荊《しょそけい》、命を王所に聴かず。子犯及び晋公、西の六師《りくし》を率いて、楚荊を搏伐《はくばつ》し、孔《はなは》だ大功を休す。楚荊、厥《そ》の師を喪《うしな》い、厥の□を滅ぼす。子犯、晋公の左右を佑け、諸侯を燮《しょう》して王に朝せしめ、克《よ》く王位を奠《さだ》む。……

（王の五月初吉丁未の日、子犯は晋公を側近として輔佐し、晋に帰国した。楚と同盟諸国は周王に服属しなかった。子犯と晋公は西の六師を率いて、楚を討伐し、大きな軍功があったことを喜んだ。楚はその軍を喪失し、その□が滅びた。子犯は晋公を側近として輔佐し、諸侯をまとめて王に朝見させ、王位を安定させた）

銘文冒頭の五月は城濮の戦いの翌月を指す。銘文中の「子犯」とは、流浪時代から文公を支えた重臣狐偃《こえん》のことである。子犯は彼の字《あざな》である。彼の姉妹が文公の母であるので、舅犯《きゅうはん》とも呼ばれる。ここでの「舅」とは岳父ではなく母親の兄弟を指す。

ここでは子犯と晋公（文公）が「西の六師」を率いて楚を伐ったことになっている。前章で見たように、「西の六師」とは、殷八師（成周八師）とともに西周王朝の正規軍であった。しかし『左伝』など後世の文献を参照しても、城濮の戦いに際して周王朝が軍を派遣したという記述が見られないし、春秋時代になっても周王朝が六師を維持できていたとも思えない。

これは晋軍や斉・宋・秦などの同盟諸国の軍を、王朝の軍である西の六師に見立てたものである。晋が周の王臣の立場で楚軍を討伐したという「尊王」の精神を誇示しているのである。

銘文では戦勝の後、諸侯を周王に朝見させて王位を定めたとあるが、『左伝』でも戦後に文公が周の襄王を践土《せんど》（今の河南省原陽《げんよう》県の西南）に迎え、戦果を献上する献捷《けんしょう》の儀礼と、諸侯との会盟を執り行っている。その際に文公は襄王より侯伯《こうはく》すなわち覇者に任じられた。覇者の地位は、前六三二年から、後述する前五〇六年の召陵《しょうりょう》の会・皐鼬《こゆう》の盟まで、百二十年以上にわたって晋によって継承されることになる。

晋の文公もやはり春秋の五覇のひとりとして数えられている。ただ、この「五覇」というのは、実際に五人の覇者が存在したからこのような呼称ができたのではなく、逆に先に「五覇」という呼称が成立し、その五人の覇者とは誰かという議論が生じたのである。「三皇」「五帝」に数えられる古帝王がそれぞれ三名以上、五名以上存在するのと同様に、「五覇」に数えられる代表的な諸侯の有力者も五名以上存在したわけである。

機構としての覇者体制

小覇・小伯の時代を経て、斉の桓公の時代には、覇者を中心とする多国間の同盟関係は、一定の機能を備えた機構のようなものとなっていく。そして同盟関係の機構化は、晋の文公以後、晋国の覇権のもとで完成し、晋による「覇者体制」が成立する。機構というのは、少々雑なたとえになるが、現代の国際連合の安全保障理事会とかＮＡＴＯ（北大西洋条約機構）とか、そういったものの原初的な形態が存在したと考えてくれればよい。

それでは具体的にどのような機能を備えていたのだろうか。吉本道雅は主に『左伝』の記述に基づいて以下のように整理する。

覇権国である晋と同盟諸国との協議の場となるのは、覇者によって主宰される会盟である。その開催の目的は、同盟の維持・更新、同盟離反国への共同制裁、同盟国同士の交戦の禁止や他国からの亡命者受け入れの禁止など同盟内の平和維持、同盟外からの攻撃に対する共同防衛、同盟国における内紛の調停、同盟国の災害の援助などを協議決定することにある。会盟は基本的に同盟及び同盟国の保全を目的として行われるものであった。

同盟国には、会盟の参加、軍役など会盟での決定事項の履行、勤王、そして晋への朝聘・貢納といった義務が課された。時代が下ると、同盟各国の晋への貢納が過重であることが問題となっていく。

そして諸国の君主や重臣が一堂に会する機会が増えるにともない、諸国間の序列や関係性が問題となっていく。会盟に参加する諸侯たちは、晋・斉・魯・衛・陳・蔡などの国君が侯と称し、宋君が公、鄭君や曹君が伯、許の国君が男を称するといったように、それぞれ周王朝から授けられた号や、あるいは親族呼称に由来する号などを称していた。これらの号が諸侯間の序列を示すものとして利用されるようになった。

また、周の氏族はそれぞれ姫《き》・子《し》・姜《きょう》・姒《じ》・姞《きつ》・芈《び》・嬴《えい》といった姓を称していた。このうち周の王室と同じ姫姓を称する晋・魯・衛・鄭・蔡などの諸侯、すなわち周王室から分かれ出た諸侯が「兄弟《けいてい》」と位置づけられた。姫姓以外の姓を称する諸侯のうち、姜姓の斉や子姓の宋などは、外戚を意味する「甥舅《せいきゅう》」と位置づけられた。当時は「同姓不婚《どうせいふこん》」の原則があり、同じ姓に属する者同士の結婚を避けるという規範があった。異姓の諸侯は周王室や姫姓諸侯の「兄弟」にはなれないが、姻戚にはなれるということである。

たとえば斉の桓公は葵丘の会の際に周の襄王の使者から「伯舅《はくきゅう》」と呼びかけられている。斉の始祖太公望の娘である邑姜《ゆうきょう》が武王に嫁いだことから、歴代の斉の国君は「舅」と位置づけられているのである（この「伯舅」も岳父ではなく母親の兄弟と解した方がよいだろう）。ただしこれも太公望自身の事績と同様、歴史的事実ではなく神話の一種かもしれない。

「兄弟」に属する姫姓諸侯についても、その始祖に関する伝承が疑わしいものが存在する。たとえば周の太王の子の太伯《たいはく》・仲雍《ちゅうよう》兄弟の子孫とされる呉国《ごこく》である。これは姫姓諸侯で早くに滅んだ虞《ぐ》の始祖伝承を借りたものとされる。しかし他の諸侯から呉の始祖伝承が疑われた形跡は見られない。

江村知朗《えむらともあき》は、春秋時代には諸侯たちは相互に始祖伝承を承認しあい、その伝承が仮に「後付け」であったとしても、外交の場ではその虚構性が問われることはなく、効力を発揮したのではないかとする。

ただし中国古代史研究者の渡邉英幸《わたなべひでゆき》が指摘するように、蛮夷戎狄は多国間の会盟の場からは排除された。周王朝を奉じる「兄弟甥舅」の諸侯を「中国」あるいは「華夏《かか》」と位置づけ、蛮夷戎狄と対峙するものとする「華夷思想《かいしそう》」もこの時代に明確に見出せるようになる。西周時代には単に中央の地域を意味するにすぎなかった「中国」がアイデンティティと結びつくようになったのである。

三軍と六卿

本節の最後に、春秋時代の軍制や戦争の様子について簡単に触れておきたい。西周時代の軍隊は車兵を主とし、歩兵を従とするものであった。春秋時代もこれと同様であるが、次第に歩兵の重要性が認識されるようになっていく。

軍隊の規模は、戦車の台数である「乗《じょう》」という単位で表現されることが多い。諸侯国は数百乗から千乗の車兵を動員することができた。春秋時代の後半期になると、晋国が四千以上もの車兵を動員したというような事例も現れ、戦国時代の「万乗《ばんじょう》の国」の規模に近づいていく。

兵役に充てられたのは、前章の六師と八師のところで出てきた国人《こくじん》と呼ばれる人々である。彼らは諸侯国の国都の住民であり、国都の外側で暮らして農業などを営む庶人《しょじん》（平民）と、諸侯国の宮廷にあって国政を担い、世襲によって代々その地位を独占する世族《せいぞく》と呼ばれる有力氏族の中間の身分にあたる。戦時には世族の出身者が将となり、国人が兵卒として動員される。鶴好きの衛の懿公に対して出征を拒絶したように、国人たちは兵役を担うことで、政治的発言権を行使することがあった。

西周時代には周王朝の正規軍として六師と八師が存在した。この時代の諸侯国の正規軍については、各国ごとに状況が異なり、かつ史料の不足によりわからないことが多い。ここでは代表的な事例として、比較的史料が豊富な晋国の状況を見ておこう。

晋国は文公の祖父の武公の時点では一軍しか存在しなかった。それがその子献公の時代に献公自身が率いる上軍と、太子申生《しんせい》（文公の兄）が率いる下軍との二軍制になる。更に文公の時代の前六三三年には中軍・上軍・下軍の三軍制となる。各軍の将《しょう》（軍を将《ひき》いることによる称）と佐《さ》（副将）には郤《げき》氏・狐氏といった世族の出身者が充てられ、彼らは多く卿も兼ねるようになる。晋における「六卿《りくけい》」のはじまりである。

政務を担う者が軍務をも担うという政軍一体の体制であり、六卿のうち中軍の将が正卿《せいけい》として政権の首班を担った。この政軍一体は晋国に限ったものではなく、他の諸侯国や周王朝も同様である。この時代にはまだ文官と武官の区別はなかったのである。

これらの軍は車兵を中心としたものであるが、晋にはこれとは別に歩兵部隊にあたる左《さ》行《こう》と右行《ゆうこう》も存在し、前六三二年に中行《ちゅうこう》を加えて三行制となった。山林に暮らし、車兵では対応しづらい狄との戦いを意識した措置とされる。前六二九年にはこれらの行が車兵の軍に統合され、五軍制となっているが、文公死後の前六二一年には三軍制に戻っている。

時代が飛んで前五八八年には、斉との鞍《あん》の戦いの褒賞として、新中軍・新上軍・新下軍を加えて六軍に拡大されている。しかしこれも前五五九年には三軍制に戻されている。晋の六卿は最終的に范《はん》氏・中行氏（始祖の荀林父《じゅんりんぽ》が中行の将に任じられたことによる氏族名）・智《ち》氏（知氏とも。中行氏と同じく荀氏の一族）・趙氏・韓氏・魏氏に固定されていくことになる。

滅びゆく小国

春秋時代には楚が周辺の鄧・息・黄といった国々を滅ぼしたように、小規模の諸侯国が周辺の大国に滅ぼされる事例が目につくようになる。これは楚に限った話ではなく、晋や斉も同じである。

たとえば晋は前六五五年に対立する虢国を滅ぼすとともに、虢国を攻める際に道を借りた小国の虞も滅ぼしている。「道を仮《か》りて虢を伐つ」「唇《くちびる》亡《ほろ》びて歯寒し」の格言で知られる話である。虢は虞という歯を守る唇であったのに、自分からそれを台無しにしてしまったということである。

こうした諸侯国の滅亡は「滅国《めっこく》」と呼ばれている。ここでは滅国の一例として、前五六七年の、斉による山東半島の萊《らい》の滅亡を見ておこう。萊は斉と同様に西周時代から存在する国である。『史記』斉太公世家には、太公望が斉に封建された際に萊と営丘《えいきゅう》の地（現在の山東省昌楽県《しょうらくけん》）を争ったという話が見える。斉太公世家では萊の人は「夷」であるとされているが、西周金文では萊を「夷」と位置づけたものはなく、楚と同様にその立場は曖昧な部分がある。

『左伝』襄公六年によると、まず斉が萊の国都を包囲して入城し、国君の共公浮柔《きょうこうふじゅう》が棠《とう》という邑に逃亡すると、これも攻め滅ぼしている。萊の民は郳《げい》という土地に移され、斉側が萊国の土地の画定を行っている。また入城時に押収した萊の宗器（萊の宗廟にあった青銅器）を斉の襄宮《じょうきゅう》（斉の桓公の兄襄公を祀る廟）に献上している。

滅国は、国都の陥落、国君の死（萊の共公はおそらく棠が攻め滅ぼされた際に命運をともにしている）、住民の強制移住、戦勝国による国土の画定、国君の権威を保証する宗器の押収といった行為からなることがわかる。

斉による萊への侵攻は、春秋金文の庚壺《こうこ》（集成九七三三）にも見える。

……斉の三軍、萊を囲むに、崔子《さいし》、鼓《こ》を執《と》り、庚、入りて之を門《もん》し、執る者、霊公《れいこう》の所に献ず。公曰く、「勇なるかな、勇なるかな」と。之に賞するに邑司《ゆうし》・衣裘《いきゅう》・車馬を以てす。……

（斉の三軍が萊を包囲するに、崔子は戦鼓を手にとり、庚は城内に入って城門を占拠し、捕虜や鹵獲品を斉の霊公のもとに献上した。霊公が言うには「勇敢である、勇敢である」。庚に褒賞として邑の役人・毛皮の衣・車馬を与えた）

「庚、入りて之を門し」（庚は城内に入って城門を占拠し）というのは順序が逆ではないかと思われるかもしれない。これについて孫剛《そんごう》・李瑶《りよう》は、『左伝』襄公十六年の方の「之を堙《いん》して城を環《めぐ》らし、堞《ひめがき》に傅《つ》く」（萊都の城壁の周囲に土を積み上げ、その高さが城壁の上に設けられた女牆《ひめがき》に達するほどであった）という記述とつなげて解釈する。つまり庚は城壁の周りに積み上げられた築山《つきやま》を登って城内に入り、城の内側から城門を制圧したというのである。

また、これと同時期の金文叔夷鎛《しゅくいはく》（集成二八五）は、萊滅亡後の戦後処理がうかがえる史料である。これは斉の霊公の臣下の叔夷という人物に対する任命や褒賞を記録したものである。銘文中で叔夷は霊公より萊都及び周辺の二つの邑、そしてそれらに付属する県三百を与えられ、萊地とその人員四千を管轄するよう命じられている。また、別途車馬や戎兵（兵器）とともに萊の僕（奴隷）三百五十家を賜っている。

『左伝』に見える土地の画定や住民の強制移住を終えた後、その一部が叔夷に与えられ、管轄を命じられたということだろう。ここに見える「県三百」が後の時代の郡県制の「県」につながるものかどうかは議論がある。

第三節　天下の甲兵を弭めん

戈を止めるを武と為す

城濮の戦いの後も晋楚の対立は続いた。両国間の大きな戦いとしては前五九七年の邲《ひつ》の戦いがあり、晋が五覇のひとりとされる楚の荘王《そうおう》に敗北している。

『左伝』宣公《せんこう》十二年によると、この時に楚の臣下が荘王に、戦勝の記念として晋軍の戦死者の遺体を積み上げ、「京観《けいかん》」という塚を造ろうと提案したところ、荘王は、「夫《そ》れ文に、戈を止めるを武と為す」、つまり「武」という文字は「戈を止める」と書き、戦いをやめることを意味するのだと言って彼を戒め、提案を退けている。

現代の古文字学では、「武」の文字は戈を持った人間が進軍する形をかたどったものとされており、この字源説は誤りとされている（図3－4を参照）。ただ、武は戈を止めるという発想は、古代の人々の戦争観を示したものとして見ると、非常におもしろい。

この両国が講和の盟を結ぶことになる。晋楚の講和の盟は「弭兵《びへい》の盟」と呼ばれ、前五七九年と前五四六年の二度にわたって盟約が結ばれている。「弭兵」とは兵事を弭《や》めるということである。この盟約のことはそれぞれ清華簡『繫年』の第十六章と第十八章でも触れられており、いずれも「天下の甲兵を弭めん」という盟約の言葉を記している。「甲兵」は「干戈」と同じく防具と武器、ひいては戦争を指す。

講和を仲介したのはいずれも軍礼の精神が息づく宋国であった。盟約も宋で結ばれている。高木智見によれば、これには伏線があった。前五九五年の九月、宋は楚の侵攻を受け、国都を包囲された。籠城戦は翌年の五月ま

図3－4　甲骨文の「武」字

で続いた。

『公羊伝』宣公十五年によると、宋側は食糧の不足に悩まされた。人々は子供を交換しあって食べ、死者の骨を薪がわりにして炊事するほどであった。一方の楚軍も実はあと七日分の兵糧しか残っておらず、撤退は時間の問題であった。

宋の高官華元《かげん》は楚将の司馬子反《しばしはん》に直談判に及んだ。二人はお互いを「君子」と見込んで腹を割って話しあい、自分たちの内情を正直に伝えあった。華元の人物に感服した子反は主君の荘王を説得し、宋からの撤退に同意させた。これにより宋と楚との間に信頼関係が生まれたようである。十五年後に第一次弭兵の盟を取りもったのは、この華元であった。

第一次弭兵の盟は、三年後の前五七六年に楚が鄭・衛に侵攻したことで破綻する。翌年には晋楚両国間で鄢陵《えんりょう》の戦いがおこり、晋が勝利を収めている。

しかし両国講和の動きがこれで止まったわけではなかった。おおよそ三十年後の前五四六年に、宋の向戌《しょうじゅつ》の仲介により、第二次弭兵の盟が成立している。向戌は晋楚両国の有力者に顔が利く人物であった。この盟には晋・楚のほか、魯・蔡・衛・陳・鄭・許・曹の代表も参加している。春秋史研究者の宇都木章《うつぎあきら》は、この時に宋以外の国からは国君ではなく実権を握る貴族たちが参列していることに、時代の変化を読み取る。国内外の政治を動かす主役は諸侯から臣下に移ったことを示していると言うのである。

第二次弭兵の盟では晋・楚・斉・秦四ヵ国の立場を対等とし、斉・秦以外の諸侯国は晋か楚に朝聘と貢納を行うこととされた。しかしこの覇者への貢納こそが諸侯国にとって重い負担となっていたのだった。こうした諸侯国の義務は、元来楚を代表とする「仮想敵国」からいざという時に自分たちを守ってもらうための見返りだったが、盟約によってその「仮想敵国」が消滅したことで、それらを履行する意義が失われていく。

その後楚が再び北侵を開始し、陳や蔡を攻撃するようになる。楚の侵攻を受けた蔡の要請で、前五〇六年に召陵《しょうりょう》の会が開かれ、皐鼬《こゆう》の盟が結ばれるが、結局楚への軍事行動が行われることはなく、これが晋の主宰した最後の会盟となった。以後、同盟国の晋からの離反が進む。また晋国内でも後述するように、范氏・中行氏による反乱が発生する。国内外双方の要因により、晋は覇者としての地位を保てなくなった。

『繫年』第十八章では、陳・蔡を攻め、第二次弭兵の盟が破綻するきっかけを作った楚の霊王が「禍《わざわい》せられて」、つまりわざわいに遭って死亡し、次の景平王《けいへいおう》（平王）が即位したことを述べる。また晋の側も呉国と結んで楚を攻めたことで、国内では内乱や疫病・飢饉がおこり、国外では楚に報復され、諸侯に背かれて「晋公以て弱し」という状態になったと締めくくっている。李学勤《りがくきん》らによる共著の『出土簡帛与《と》古史再建』では、『繫年』は盟約に背いて戦争を発動させた者たちの末路を示すことで、反戦思想を主張しているのであるという。

呉と晋の通交

呉国の名前が出たついでに、呉の勃興について見ておこう。呉は現在の江蘇《こうそ》省南部、太《たい》湖《こ》の周辺に興った国である。前項の話から年代がさかのぼるが、『左伝』では宣公八年（前六〇一年）に楚の荘王が舒《じょ》国・蓼《りょう》国を討伐した際に呉・越と盟約を結んだとある。『春秋』の成公《せいこう》七年（前五八四年）には、呉が郯《たん》国を伐ったとある。晋が呉と通交を開いたのもこの年のことであった。

呉への使者となったのは、申公巫臣《しんこうふしん》である。彼はもともと楚の荘王に仕えていたが、妖女とされる夏姫《かき》を妻に迎えて晋に亡命したという人物である。やはり夏姫を妻にしようとしていた子反（後に宋の華元と君子の交わりを結んだ司馬子反と同じ人物である）は彼を怨み、楚に残っていた巫臣の一族を殺害した。

巫臣は楚への復讐のため呉への使者となることを志願し、呉に戦車と射手・馭者を与えて戦車の乗り方や陣法を教え、楚から離反させた。そして時の呉王寿夢《じゅぼう》は楚と開戦し、出征した子反らを散々翻弄し、これまで楚に服属していた蛮夷を従えるようになった。

この晋と呉の軍事的関係を示すものが発見されている。二〇一四年に晋南《しんなん》地方（山西《さんせい》省西南部）で発見された四件の戈である。このうち三件は同一の銘文で（銘続一二六〇～一二六二。図3－5）、呉王の母弟《ぼてい》（同母弟）の御謦壼と趙氏余《ちょうしよ》が三百の戈を鋳造したことを記す。残る一件（銘続一二五九）には、「呉王の母弟」という表現が見えず、趙氏余と㲄謦壼が三百の戈を鋳造したことを記している。㲄謦壼は御謦壼と同一人物であろう。

趙氏余は晋の六卿の趙氏の一族である。これらの銘文は、晋において趙氏の余と呉王の同母弟の御謦壼（あるいは㲄謦壼）が共同で三百件の戈を鋳造したことを示している。巫臣以外にも晋の世族が呉国とつながりを持ち、かつ軍事的な支援も戦車の指導に限られなかったことがうかがわれる。呉王の母弟の名前が奇怪に見えるかもしれないが、金文に見える呉越の人名にはこのようなものが多い。

図3－5　趙氏余戈（部分）

前述のような虞の始祖伝承も、虞を滅ぼした晋によって呉に伝えられ、太伯・仲雍兄弟を始祖とする伝承が作られたのではないかと考えられている。

柏挙の戦い

前五七六年の鍾離《しょうり》の会では、晋に加えて

魯・斉・宋・衛・鄭といった諸国とも通交を開いている。呉は、晋楚対立では晋側の同盟国として楚を圧迫するようになる。前五二二年には、楚の平王《へいおう》と太子建《たいしけん》との対立に巻き込まれ、平王に父と兄を殺された伍子胥《ごししょ》が呉に亡命する。

呉王闔閭《こうりょ》（あるいは闔廬とも表記される）は、祖国楚への復讐心に燃える伍子胥と斉の出身とされる孫武《そんぶ》、二人の外国人を重用した。孫武は兵法書『孫子』の著者とされる人物で、『史記』や『呉越春秋《ごえつしゅんじゅう》』といった文献にはその事績が見えるが、『左伝』には登場しない。『孫子』については次章で触れることにしよう。

前五〇六年、楚の侵攻を受けた蔡の要請で、呉軍は楚に攻め入り、柏挙《はくきょ》（現在の湖北省麻《ま》城《じょう》市の東北）で楚軍を打ち破り、楚都の郢《えい》に入城した。これが柏挙の戦いである。当時の郢は、一般に現在の湖北省荊州《けいしゅう》市の北の紀南城《きなんじょう》とされる。伍子胥が楚の平王の墓をあばいてその尸《しかばね》に鞭うったというのはこの時の話である。

前五〇六年といえば前述の召陵の会が開かれ、皐鼬の盟が結ばれた年と同年にあたる。楚の圧迫に悩まされた蔡はまず晋を頼ろうとしたが、うまくいかず、呉と同盟する道を選択した。同様に楚の圧迫を受けていた小国の唐《とう》も呉と同盟した。

蔡は、前章で触れたように「三監」のひとり蔡叔を始祖とする。東周に入ってからは、中原と南方の楚国との間に挟まれるという立地から、楚国の圧迫に悩まされてきた。安徽《あんき》省寿《じゅ》県の蔡侯墓から出土した複数の青銅器の銘文から、楚と呉のどちらに付き従うかという当時の蔡侯の苦悩を読み取ることができる。

出土器のひとつ蔡侯鐘《さいこうしょう》（集成二一〇〜二一八）には「楚王を左右《たす》く」（楚王を輔佐する）とある一方で、蔡侯盤《さいこうばん》（集成一〇一七一）には、蔡侯申《さいこうしん》（蔡の昭侯《しょうこう》）が娘の大孟姫《だいもうき》を呉王に嫁がせることを記している。蔡侯盤にはまた「肇《ここ》に天子を佐《たす》く」（ここに天子を輔佐する）という文言があるが、この「天子」とは周王ではなく呉王を指しているとされる。同墓からはまた呉王光《ごおうこう》（呉王闔閭）の青銅器である呉王光鑑《ごおうこうかん》（集成一〇二九八〜一〇二九九）も出土している。おそらくは呉から贈られたもので、呉と蔡の関係の深さを示している。

蔡と対照的な動きを示したのは、やはり地理的に楚と中原との間に挟まれた曾国である。前章で述べたように、曾は周の文王・武王に仕えた南宮氏の伯括を祖先とする国であり、昭王の南征の際には軍事的拠点となった。春秋時代に入ると、曾は次第に楚の附庸《ふよう》（属国）のような立場へと転落していった。

その曾が、柏挙の戦いの際には楚に対して意外なまでの義理堅さを見せている。『左伝』定公《ていこう》四年によると、都の郢が陥落すると、楚の昭王が随《ずい》（すなわち曾。『左伝』では曾のことを随と呼んでいる）に逃亡した。呉軍が昭王の身柄の引き渡しを求めても随の人々は拒絶したので、呉軍が諦めて撤退したという話が見える。

春秋金文の曾侯與鐘《そうこうよしょう》（銘続一〇二九）には、この話と照合するような記述が見える。以下に引用するのは、前章で引いた部分の後文にあたる。

「……周室之れ既に卑《ひく》く、吾れ用て楚に燮就《しょうしゅう》す。呉、衆庶有るに恃《たの》みて行乱し、西征南伐して、乃ち楚に加う。荊邦《けいほう》既に釽《へん》され、而して天命将《まさ》に誤らんとす。有厳なる曾侯、業業たる厥《そ》の聖、親《みずか》ら武功を搏《はく》し、楚命《そめい》、是《ここ》に静まり、楚王を復奠《ふくてん》す。……」

（「周の王室が衰微してからは、我が邦は楚と［盟誓を］修め重ねてきた。呉は多くの味方を頼みにして乱をおこし、西方や南方へと征伐し、楚に攻撃を加えるようになった。荊［楚］の国［の領土］は既に削られ、天命が去ろうとしていた。威厳ある曾侯は、立派な叡知を備え、自ら武功を示して、楚の天命を安んじ、楚王を復位させた」）

文王・武王を支えた南宮氏の伯括を祖先とする曾侯は、東遷によって周室が衰微してからは、楚の天命を支えることを誇りとするようになった。呉の圧迫を受けるようになると、曾侯は楚のために戦い、その天命を安んじたのであった。

黄池の会

楚の昭王は秦の援軍を得て郢を取り戻すことができた。秦を説得したのは申包胥《しんほうしょ》である。七日七晩泣き続けて秦の哀公《あいこう》に援軍を出すよう訴えたという話で知られる。この話もやはり鄭問の『東周英雄伝』で描かれている。

呉軍は、本国が越に侵入されたことなどもあって撤退する。呉と越の対立はこれより本格化する。闔閭は前四九六年に越王句践《こうせん》（勾践とも表記する）との檇李《すいり》の戦いで敗死する。後を継いだ呉王夫差《ふさ》は、前四九四年に父の仇討ちのために越に攻め入って打ち破った。会《かい》稽山《けいざん》（現在の浙江《せっこう》省紹興《しょうこう》市の東南）に退避して追い詰められた句践は、呉王の臣となることでようやく許された。いわゆる「会稽の恥」である。

呉はこれまで晋など中原諸国から、対楚国のための当て馬のような役割を振られていたが、次第にそうした思惑から外れる行動をとるようになる。呉は魯や斉といった東方の諸国の抗争に介入するようになり、前四八四年には魯とともに斉を攻め、艾陵《がいりょう》の戦いで勝利を収めている。

前四八二年には、呉王夫差は黄池《こうち》の会を開き、晋と盟主の座を争っている。呉も晋もともに周室の流れを汲むということになっているが、呉が文王の父の季歴の兄とされる太伯・仲雍の子孫ということで、自分の方が「長」だと主張すれば、晋は姫姓諸侯の中で文公以来自分たちが「伯」すなわち覇者を務めてきたと反論する。

晋が呉を都合の良い手駒としてうまく利用していたつもりが、今や自分と会盟の盟主の座を争うまでになったわけであるが、ここでもやはり呉の始祖伝承の真偽については問われていない。

金文の趙孟介壺《ちょうもうかいこ》（集成九六七八〜九六七九）は、この黄池の会の時に作られたものである。

邗王《かんおう》に黄池に遇い、趙孟の介と為《な》る。邗王之れ金を賜い、以て祠器を為《つく》る。

（邗王［呉王］に黄池で出会い、［私は］趙孟の介添えとなった。邗王が銅を賜ったので、それで祭祀のための銅器を作った）

呉の国号については、「句呉《こうご》」などの異称がいくつかある。呉王のことを「邗王」と呼んでいるのもそのうちのひとつであろう。この器銘は、黄池の会の際に、趙孟、すなわち当時の趙氏の当主で、六卿のひとりである趙鞅《ちょうおう》（趙簡子《ちょうかんし》）の介添えを務めた人物によって作られたものである。先に取り上げた趙氏余と呉王の母弟の戈と同じく、趙氏と呉との関係を示すものとなっている。この銘からは呉・晋の両国が盟主の座を争ったというような緊張感は伝わってこず、逆に両国、あるいは趙氏と呉との友好を感じさせるものとなっている。

しかしその黄池の会の最中に句践が呉を占領し、夫差は呉に引き返すこととなった。このこともあり、盟主の座は晋に譲らざるを得なくなる。越とは講和したものの、これ以後呉は振るわず、前四七三年に越によって滅ぼされた。呉が晋と通交を開いてから、およそ百十年後のことである。

黄池の会が呉の最盛期を示す出来事であったとすれば、最盛期と衰退の始まりとが同時にやってきたことになる。呉は「中国」の一部として滅んだのだろうか。あるいは中原諸国にとっては最後まで異分子のままだったのだろうか。

呉王闔閭・夫差の活躍した時期は、孔子の活動時期とも重なっている。孔子が生まれたのは前五五二年もしくは前五五一年、没年は前四七九年とされる。

三晋の成立

黄池の会で盟主の座を得た晋も、実権は国君ではなく六卿を務める世族の手に握られていた。これは他の諸侯国も同じことであり、たとえば斉では陳国からの亡命者の子孫の陳氏（田《でん》氏）、魯では魯の桓公の子孫にあたる孟孫《もうそん》氏（仲孫《ちゅうそん》氏とも）・叔孫《しゅくそん》氏・季孫《きそん》氏の三桓《さんかん》が実権を握るようになっていた。

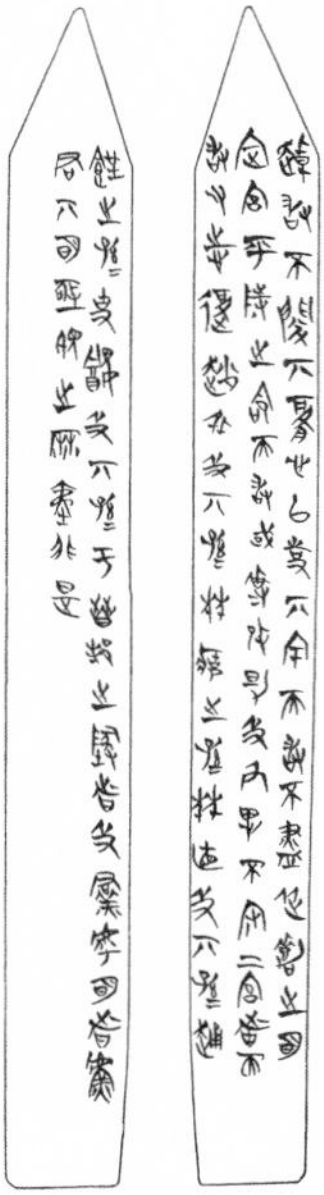

図3−6　侯馬盟書（模本）

晋の場合は更に世族同士の抗争がおこり、それが内乱にまで発展している。年代が少しさかのぼるが、前四九七年から前四八九年にかけての范氏・中行氏の乱がそれである。

これはもともと趙氏の当主趙鞅と分家筋の趙稷《ちょうしょく》とによる趙氏の内紛にすぎなかった。しかし趙稷にその姻戚の范氏・中行氏が加担し、智氏・魏氏・韓氏が主君の晋の定公《ていこう》を奉じて范氏・中行氏を討伐しようとしたことから、晋国全体を巻き込む大乱となった。山西省侯馬《こうば》市で発見された侯馬盟書《こうばめいしょ》は、范氏・中行氏の乱の際の盟約を記したものとする説がある。玉もしくは石に墨や朱で盟誓の辞を書き記したものである（図3−6）。

諸侯国では、他の諸侯国と敵対しながら、更に国内でも世族同士、更には同じ氏族の間で敵対しあっていた。この内乱の結果、敗北した范氏・中行氏の勢力は晋から駆逐されることになった。しかし世族の抗争はやむことなく、前四五三年には韓・魏・趙の三氏が最有力であった智氏を晋陽《しんよう》の戦いで滅ぼしている。

智氏を滅ぼした趙襄子《ちょうじょうし》（趙無恤《ちょうぶじゅつ》。趙鞅の子）が智氏の当主智伯《ちはく》の頭骨を杯としたという話が諸書に見える。殷王朝は敵対した方国の人間の頭骨に文字を刻んで記念としたが、この時代には同じ諸侯国内の人間の頭骨を記念品として用いるようになっていた。

この韓・魏・趙三氏が前四〇三年に周の威烈王《いれつおう》より諸侯として認定されている。すなわち戦国の七雄に数えられる三晋の成立である。

第四章　戦国時代　帝国への道

戦国時代には諸侯国の滅亡が進行し、「戦国の七雄」と呼ばれる七大国が台頭する。諸国は競って「王国《キングダム》」ならぬ「帝国《エンパイア》」化を進めていき、秦が最終的に「中国」を統一する。この時代は「中国」統一への動きとともに、商鞅《しょうおう》の変法《へんぽう》や趙の武霊王《ぶれいおう》による胡服騎射《こふくきしゃ》など、生き残りのための改革が行われた時代でもあった。また孫子の兵法や墨家の非攻《ひこう》説といった軍事思想が生まれ、深められた。戦いの様子とともに、改革の模様や思想の形成にも注目していこう。

【年表】

前四〇四年　長城の戦い……韓・魏・趙が斉を破る
前四〇三年　韓・魏・趙が諸侯として公認される
前三六一年　秦の孝公が即位……商鞅を登用
前三四二年　馬陵の戦い……斉が魏を破る
前三一四年　斉が燕に侵攻……燕王噲と子之が殺害される
前二九五年　趙の武霊王が死亡
前二八八年　斉と秦が東帝、西帝と称する
前二六〇年　長平の戦い……秦の白起が趙を大敗させる

前二五六年　周王朝が滅亡
前二三〇年（前二三一年？）　秦が統一戦争を開始
前二二一年　秦が斉を滅ぼし、統一を達成

【人物】
孫武　孫臏　墨翟　公孫龍　商鞅　趙の武霊王　秦の宣太后　白起　呂不韋　秦王政

第一節　長い春秋時代

春秋と戦国の区切り

春秋時代の呼称が『春秋』から採られたように、戦国時代は蘇秦《そしん》・張儀《ちょうぎ》といった遊説家《ゆうぜいか》の弁舌などを記述した『戦国策《せんごくさく》』から採られたものである。

高校の世界史の教科書などでは、戦国時代は韓・魏・趙が諸侯として承認された前四〇三年から始まったとされる。これは北宋の司馬光《しばこう》の『資治通鑑《しじつがん》』が記述を開始する年であ

陰山
高闕
九原
雲中
趙長城
造陽
燕長城
襄平
遼東
遼西
雁門
薊
燕
代
燕長城
魏長城
趙
中山
黄
晋陽
鉅鹿
秦長城
河西
河
邯鄲
済
泰山
臨淄
斉
斉長城
魏
上党
衛
隴西
長平
濮陽
魯
曲阜
安邑
宋
滕
渭
雍
洛陽
周
大梁
商丘
薛
河
咸陽
函谷関
韓
新鄭
陽翟
陳
淮
秦
漢中
鉅陽
河
楚方城
寿春
巴山
呉
楚
長
郢
江
蜀
会稽
会稽山
巴
雲夢沢
彭蠡沢
黔中
長沙
閩
蒼梧山
百粤

図4－1　戦国時代地図

る。『資治通鑑』は『春秋』を継ぐ編年史として編纂された。戦国時代は韓・魏・趙に燕・斉・楚・秦を加えた戦国の七雄が相争った時代と見ればわかりやすい（図4―1参照）。しかしこの区切りには多くの異論がある。

たとえば『春秋』の記述が終わるのが前四八一年ないしは前四七九年なので、その年を春秋と戦国の区切りとする考え方がある。また、三晋の躍進のはじまりである智氏の滅亡の年の前四五三年を戦国時代の開始年とする説がある。日本の中国古代史学界で広く採用されている区切りである。

中国の考古学界では、『史記』六国年表《りっこくねんぴょう》のはじまりの年である前四七五年を便宜的に戦国時代の開始年としている。六国年表は、秦に滅ぼされた六国の君主の在位年などに東周と秦のものを加えた年表である。

春秋と戦国の違いについて、春秋は覇者が周王の権威のもとで諸侯に対する指導権を握った時代だったが、戦国になると、諸侯は周王の権威を無視して自ら王号を称するようになったというような説明がなされることもある。

だが、三晋が諸侯となった前四〇三年以降、周王の権威を奉じる覇者のような存在が見られなくなったわけではない。ついでに言うと三晋が諸侯となったことで、彼らの主君であった晋が滅びたわけではなく、晋は前三四九年まで存続する（吉本道雅の年代による）。

また前四〇三年をもって戦国の七雄が出揃ったわけでもなく、田斉《でんせい》が成立したのが前三八六年である。斉は太公望が建てた国とされるが、その姜斉《きょうせい》（姜は太公望とその子孫の姓）は有力な臣下の田《でん》氏（陳《ちん》氏とも）に君主の地位を奪われる。戦国四君のひとりとして数えられる孟嘗君《もうしょうくん》も、田斉の王室の子孫である。

戦国時代の開始は果たしていつ頃と見るべきなのか、戦国時代らしさのようなものが出てくるのはいつ頃からなのか。前四〇三年以後の展開を見ながら考えていこう。

なお、戦国時代の年代、特に『史記』に見られる年代については種々の混乱があることが指摘されている。同じ出来事でも研究者によって違った年代が提示されることもままある。本書では、以下史実の再構成について吉本道雅の業績に多くを負うことになるので、その行論の都合上、基本的に吉本氏が提示する年代に拠ることにする。

長城を修むる毋かれ

前章で述べた通り、前五〇六年の召陵《しょうりょう》の会と皐鼬《こゆう》の盟が晋の主宰した最後の会盟となり、以後晋は覇者としての地位を保てなくなっていく。しかし文公以来の覇権を再建しようとする試みは模索されていたようである。それを示すのが、前四〇四年に晋と斉との間でおこった長城の戦いの戦後処理である。

長城の戦いのことは複数の史料に見える。古本『竹書紀年』では「烈公《れっこう》十二年、王、韓《かん》景子《けいし》・趙烈子《ちょうれつし》・翟員《たくうん》に命じて斉を伐たしむるに、長城に入る」（晋の烈公十二年、周王は韓景子・趙烈子・翟員に命じて斉を討伐させ、長城の内側に入った）とある。出征した者のうち、翟員は魏氏の軍の主将である。周王の命で晋、実質的には三晋の軍が斉に遠征した戦いとなる。

「長城」というのは、秦の万里の長城ではなく、斉が築いていた城壁のことである。当時は秦だけでなく各国が自らの領域内にこうした長城を築いていた。斉の場合は、清華簡『繫年』第二十章に「斉人、焉《ここ》に始めて長城を済《せい》に為《つく》る」、すなわち済水《せいすい》という川に沿って長城を造ったことが見える。これは一般的に済水の堤防を基礎とした城壁であると解釈されている。もっとも、「長城」「城壁」といっても、当時はまだ都城の城壁と同様に版築によるものである。

古本『竹書紀年』では戦争の結果について触れていないが、『繫年』第二十二章では、「晋の魏文侯斯《し》、晋師を従え、晋師大いに斉師を敗る」（晋の魏の文侯の斯が、晋軍を統率し、晋軍は斉軍を大敗させた）と、晋側の勝利を伝えている。ここでは魏の文侯の名前が出てくるが、彼が晋側の総大将という位置づけだったのであろう。そして晋側と斉側との間で交わされた盟約として「長城を修むる毋《な》かれ」（長城を修築してはならない）という言葉が見え

図4－2　驫羌鐘銘文拓本（第一鐘）

る。長城が晋からの侵攻を阻むために造られたことを示すものである。

『繫年』では戦後の処理として、晋公（晋の烈公）が長城の戦いでの戦果である斉の俘馘《ふかく》（捕虜と敵首）を周王に献上し、敗戦国の君主である斉の康公《こうこう》や魯・宋・衛・鄭の君主をともなって周王に朝見したとある。その昔の城濮の戦いでも、戦後に晋の文公が周王に対して戦果の献上を行い、諸侯を周王に朝見させていた。長城の戦いの勝利を晋の城濮の戦いの勝利になぞらえることで、晋覇の再建を演出しようとしたのである。しかし文公とは異なり、長城の戦いでは烈公は親征していない。彼は魏の文侯らが割り当てた役割をこなす駒にすぎない。

長城の戦いについては、同時代史料として金文の驫羌鐘《ひょうきょうしょう》（集成一五七～一六一。図4－2）が残されている。


隹れ廿又再祀、驫羌、介《かい》と作《な》り、厥《そ》の辟韓宗虔《きみかんそうけん》率い、秦を征して斉に迮《せま》り、長城に入《い》るに、先《さき》んじて平陰《へいいん》に会す。武侄《ぶてつ》にして力を恃《たの》み、楚京《そけい》を襲奪す。韓宗に賞せられ、晋公に令《よみ》せられ、天子に昭《しょう》せらる。……

（二十二年のこと、羼羌は副将となり、その主君の韓氏の宗主虔が［主将として］軍を率い、［東方の］秦地に遠征して斉の国都に迫り、長城の内側に入るのに先んじて、平陰の地で［趙や魏の軍と］会した。［我らは］強大で力を尽くし、楚京［楚丘《そきゅう》］の地を襲撃して奪取した。［私は］韓氏の宗主、晋公、周の天子にそれぞれ褒賞された）

これは長城の戦いでの韓氏の部将羼羌の事績を記したものである。「秦を征して」とあるのは秦国のことではなく、斉国の地名とされる。羼羌への褒賞が「韓宗」「晋公」「天子」と三段階になっているのが、当時の権力構造を示している。「韓宗」と「天子」の間に挟まる「晋公」は、日本史で言えば、室町時代の中盤以後に管領《かんれい》細川氏などに実権を奪われた足利将軍のようなものである。

この戦いの翌年に三晋が周王朝に諸侯として承認されるわけであるが、楊寛《ようかん》はこれを長城の戦いに勝利し、敗戦国の君主である斉の康公を周王に朝見させた成果によるものであると指摘している。

列国の称王

魏は諸侯に承認された後も、晋君、ひいては周王を推戴し、再建した晋覇の維持を図っている。しかしそれは晋の覇権というよりは、実質的に魏の覇権であった。文献では「晋」が魏の別称として用いられることもあり、魏が晋を代表する存在と見なされていたようである。

長城の戦いで敵対した斉とも和解を果たした。『史記』田敬仲完世家《でんけいちゅうかんせいか》によると、魏の文侯（楊寛らはその子武侯《ぶこう》の誤りとする）は斉の宰相であった田和《でんか》の要請により、周王に田氏を諸侯として立てるよう求め、その承認を得ている。魏の文侯はまた、孔子の弟子の子夏《しか》を登用したことで知られる。諸侯がすぐれた遊説《ゆうぜい》の士を召し抱える時代となりつつあった。

しかし魏による晋覇の維持にも破綻の時が訪れる。魏の武侯が没すると、その子の恵王《けいおう》と公中緩《こうちゅうかん》との間で後継争いが起こった。その際に趙と韓が公中緩を支援し、魏によって擁立されていた晋の桓公（孝公）が趙・韓によって屯留《とんりゅう》の地へと遷されている。前三六九年のことである。

以後、魏は晋君を介さず直接周王朝を推戴することを模索するが、他国の支持を得られず、覇者体制とは異なった方向性を模索することになる。

『戦国策』秦策《しんさく》四「或為六国説秦王」章には、魏の君主が逢沢《ほうたく》（今の河南省開封《かいほう》市の南）で諸侯と会した際に、殷・周より時代がさかのぼる夏王と称し、更には天子となったとある。魏侯が王と称するようになったのは、これ以後であるとされている。魏はここに周王に取って代わる意志を示した。この時の魏の君主は、文侯の孫の恵王であるとされる。『孟子』に登場する梁《りょう》の恵王である（梁は魏の別名）。

しかしこれは魏の実力に見合った行動ではなかった。前三六四年に石門《せきもん》の戦いで秦に「斬首六万」という大敗を喫し、前三五三年には桂陵《けいりょう》の戦いで斉に敗北している。そして前三四二年の馬陵《ばりょう》の戦いでやはり斉に大敗する。これ以後魏は軍事的に振るわなくなる。馬陵の戦いは、孫武《そんぶ》の子孫とされる斉の孫臏《そんぴん》が魏の龐涓《ほうけん》を破ったことで知られる。一九七二年の銀雀山漢簡《ぎんじゃくざんかんかん》の発見により、孫武による『孫子』とは別に『孫臏兵法』が存在していたことが明らかとなった。

魏の対抗馬として注目されるようになったのが、石門の戦いで魏を破った秦である。周王朝は、商鞅《しょうおう》を登用して変法を進めた秦の孝公《こうこう》（商鞅の変法の内実については後文で触れる）、そしてその子の恵文君《けいぶんくん》にそれぞれ「文武《ぶんぶ》の胙《そ》」を贈っている。

前章で触れたように、「文武の胙」とは、周の文王・武王の祭祀に供された祭肉を指す。斉の桓公が葵丘《ききゅう》の会の際に周王朝より贈られたものであり、桓公はこれによって覇者の地位を公認されたということであった。周王朝は覇者の地位の象徴である「文武の胙」を贈ることで、秦の孝公・恵文君父子に対して、斉の桓公のような「尊王」を期待したのであろう。

しかし恵文君は前三二五年に王号を称することになる。以後の彼は恵文王《けいぶんおう》と呼ばれる。それと前後して、魏・秦、あるいは従来から王と称していた楚以外の他の諸侯も王号を称するようになり、また諸侯同士で相互に王号を承認しあっている。こうして王としての周王朝の権威が否定され、周王朝を推戴する覇者が諸侯を統率するという覇者体制再建の試みも潰《つい》えた。

以後諸侯たちは、斉王が都の臨淄《りんし》の稷門《しょくもん》の外に学堂を建て、孟子や荀子といった学者を招いたように（いわゆる「稷下の学《しょくかのがく》」）、「諸子百家」と呼ばれる遊説の士の力を借りつつ、覇者体制にかわる新たな国際秩序や君主のあり方を模索するようになる。

逆に、吉本道雅が以上のような事柄を踏まえて指摘するように、覇者体制の再建や維持という観点に注目すれば、戦国時代とは言っても前四世紀の半ば頃までは春秋時代との連続性が意外に強く見られるのである。

吉本氏は、戦国時代を秦漢帝国と直接つながる専制国家形成の時代と見た場合、その開始は前四世紀末の孟子が活躍した頃まで降るのではないかと言う。戦国時代の終わりを示すのが前二二一年の秦による統一と見れば、その期間は百年前後ということになる。

イギリスの歴史家エリック・ホブズボームは、フランス革命が始まった一七八九年から第一次世界大戦が始まる一九一四年までを「長い十九世紀」と位置づけ、一九一四年からソビエト連邦が解体した一九九一年までを「短い二十世紀」と位置づけている。その顰《ひそみ》に倣《なら》い、本書では、西周の滅亡の翌年前七七〇年から、覇者体制の維持・再建が放棄される前四世紀の末期までの四百数十年間を「長い春秋時代」と位置づけ、それから始皇帝による統一までの百年前後、「ポスト覇者体制」を模索する時代を「短い戦国時代」と位置づけることにしたい。

第二節　兵は詭道なり

軍事王からの脱却

「短い戦国時代」の展開を見ていく前に、中国古代思想史研究者である浅野裕一《あさのゆういち》や湯浅邦弘《ゆあさくにひろ》の研究に依拠しつつ、春秋から戦国にかけての戦争観の変化を確認しておこう。前節で言及した銀雀山漢簡『孫臏兵法』のように、近年中国古代の兵法や軍事思想に関する文献がいくつか発見されている。その中で、当時の戦争観の変化を示す資料として注目されているのが、上海《シャンハイ》博物館所蔵の戦国竹簡の中に含まれる『曹沫之陳《そうばつのじん》』である（「陳」は「陣」の意）。

曹沫は魯の荘公《そうこう》に仕えた勇士で、斉との戦いで敗北した後、和平会談の場で斉の桓公を匕首《ひしゅ》で脅して奪われた領土を取り戻したという話が『史記』刺客列伝によって知られている。『曹沫之陳』は、この曹沫と魯の荘公との対話という形で兵法が語られる。

出土した『曹沫之陳』自体は戦国時代の文献であるわけだが、浅野裕一は、この書に見える戦法は、春秋時代に中原で行われた戦車戦の様式を踏襲したものであり、その成書年代は春秋後期（浅野氏は前五二六年～前四〇四年と位置づける）までさかのぼるのではないかとする。

戦法とともに、戦争観も戦国より古い時期の発想が色濃く見られると言う。たとえば『曹沫之陳』の文中に「三軍出《い》づるに、君自ら率い、必ず群有司《ぐんゆうし》を聚《あつ》めて之に告ぐ」（三軍が出征する際には、君主自ら率い、必ず役人を集めて［このように］告げる）と言い、国軍の出征にあたっては、君主が親征するのを当然のこととする。

また「人、士を使わば、我は大夫《たいふ》を使う。人、大夫を使わば、我は将軍を使う。人、将軍を使わば、我は君身《みずか》ら進む。此れ戦いの顕道《けんどう》なり」（［相手が指揮官として］士を任用すれば、我が方は大夫を任用する。相手が大夫を任用すれば、我が方は将軍を任用する。相手が将軍を任用すれば、我が方は君主自ら進軍する。これは戦いの常道である）とも言う。この言葉からは、相手側の指揮官より身分の高い人物を指揮官として任用し、なおかつ君主も含めて高位の指揮官が先頭に立って戦えば、兵士の戦意は高揚し、勝利が約束されるという発想がうかがえる。

君主による親征を戦争のあるべき形とするのは、西周以来の軍事王の伝統を踏まえたものである。春秋時代に至っても、前章で見たように宋の襄公や晋の文公、呉王闔閭といった君主は重要な戦いでは親征し、襄公・闔閭のように戦傷がもとで亡くなる者もいた。『曹沫之陳』の記述はそうした春秋時代の気風を受け継いだものと評価できる。

また浅野氏は、『曹沫之陳』では敵を罠に掛けて奇襲する戦術は説かれず、敵の奇襲に備える用心も説かれることがないと指摘する。これは『曹沫之陳』の想定する戦争が、基本的に戦車中心の堂々たる会戦であり、前章で触れたような戦争にまつわるスポーツマンシップとも言うべき軍礼に基づくものだったからである。

これと対照的なのが、呉に仕えた孫武が著述したとされる兵法書『孫子』である。正攻法での戦闘を前提とする『曹沫之陳』に対し、『孫子』では、計《けい》篇の「兵は詭道《きどう》なり」（戦争とは、相手を騙すことである）と、「その無備を攻め、その不意に出づ」（敵が備えていない所を攻め、敵の不意を突く）、そして軍争《ぐんそう》篇の「兵は詐を以て立つ」（戦争は相手を欺くことを基本とする）といった言葉に示されるように、不意討ち・騙し討ちといった詭計や権謀を戦闘の本質とする発想が見られる。

そして『孫子』には君主自らが先頭に立って戦う軍事王の伝統を称揚する発想は見られない。たとえば『孫子』地形《ちけい》篇に「故に戦道必ず勝たば、主は『戦う無かれ』と曰えども、必ず戦いて可なり」（そこで戦争の道理として勝算があれば、君主が「戦ってはならない」と命じたとしても、戦うべきである）とあるように、戦争は前線の将の判断に任され、君主は後方にあるものという前提が各所に見られる。

前章の「三軍と六卿」の項で述べたように、春秋時代は政軍一体の体制がとられ、文官と武官の区別はなかったが、『曹沫之陳』に軍を将《ひき》いる者として「将軍」という言葉が見えるように、次第に軍事の専門職化が進められるようになっていく。『孫子』の成立は、これが孫武によって著述されたという伝承を信じるならば、『曹沫之陳』と同じく春秋後期ということになる。『孫子』の兵学は、『曹沫之陳』に見られる伝統的な兵学とは異質な存在であると位置づけられる。

しかし春秋から戦国にかけての戦争の変化、すなわち車兵中心から歩兵中心の軍隊へという編制上の変化、たとえば秦・魏間の石門の戦いで魏側に斬首六万の犠牲が出たというような戦争の大規模化、一度の会戦で決着がつかないという戦争の長期化と並行して、「兵は詭道なり」という『孫子』流の兵学が広まり、受け入れられていくようになる。

呪術の排除

『孫子』は兵法書として軍事上の合理性を追求したというのはよく言われることであるが、特に注目されるのは、戦勝の祈願や勝敗の占いといった呪術を排除しようとしたことである。

第一章で確認したように、殷代には敵対する方国との戦争の成否といった軍事に関することも王による卜占の対象となっていた。

そうした慣習は後の時代にも受け継がれた。たとえば『左伝』桓公十一年には、楚の屈《くつ》瑕《か》が隕《うん》国との戦いにあたって卜占を行おうとし、随行した鬭廉《とうれん》に諫められたという話が見える。この話からは、当時なお軍事上のことで卜占を行う風習が存在したことを示すとともに、過度に卜占に頼ることを戒める発想が生まれつつあったことも読み取れる。

『孫子』九地《きゅうち》篇では「祥《しょう》を禁じ疑いを去らば、死に至るまで之《ゆ》く所無し」(占いごとを禁じて疑心を取り除けば、戦死するまで迷いがなくなる)とあるように、卜占のような呪術に対して否定的な態度をとり、呪術や偶然に左右されずに勝利することを追求している。

ただ、軍事において呪術を重視する一派はこの後も兵陰陽家《へいいんようか》として残存することになる。漢代の図書目録とも言うべき『漢書《かんじょ》』芸文志《げいもんし》では、兵陰陽家の兵法書として『太壹兵《たいいつへい》法《ほう》』一篇、『天一《てんいつ》兵法』三十五篇、『神農《しんのう》兵法』一篇などの書を挙げている。

また、第二章で述べたことを思い出してもらうと、西周時代から春秋時代にかけては、祖霊が出征する子孫を勝利に導いてくれるという信仰が広く共有されており、「燎《りょう》」などの祭儀を執り行って出征前に祖霊に勝利を祈願し、凱旋後には祖霊の加護への感謝の意を示したということであった。そうした祭儀の場となったのは、「周廟」などの宗廟であった。

『孫子』でも宗廟が関係してくる記述がある。以下に引く計篇に見える「廟算《びょうさん》」である。

夫《そ》れ未だ戦わずして廟算して勝つ者は、算を得《う》ること多ければなり。未だ戦わずして廟算して勝たざる者は、算を得ること少なければなり。

（そもそも開戦の前に廟算を行って勝つというのは、勝算が多いということである。開戦の前に廟算を行って勝てないというのは、勝算が少ないということである）

この「廟算」というのは、宗廟において勝算を計り、作戦計画を立案することを指す。ほかにも「廟策《びょうさく》」「廟勝《びょうしょう》」といった同様の表現が存在し、前漢時代の『淮南子《えなんじ》』兵《へい》略訓《りゃくくん》では、「廟戦《びょうせん》」という言葉が用いられている。

凡《およ》そ兵を用いる者は、必ず先ず自ら廟戦す。主孰《いずれ》か賢なるや。将孰か能なるや。民孰か附かんや。国孰か治まらんや。蓄積孰か多からんや。士卒孰か精ならんや。甲兵孰か利ならんや。器備孰か便ならんや。故に籌《はかりごと》を廟堂の上に運《めぐ》らせて、勝《かち》を千里の外に決す。

（一般に用兵を行う者は、必ず出征に先立って自分で廟戦を行う。君主はどちらが賢明か。将はどちらが有能か。民はどちらが国家に懐いているか。国はどちらが治まっているか。食糧物資の備蓄はどちらが多いか。兵卒はどちらが精鋭か。兵器はどちらが鋭いか。備品はどちらが簡便か。そこで作戦計画を廟堂でめぐらせ、勝利を戦場から遠く離れた場所で決するのである）

ここでは君主や将兵の能力差から兵器や備品類の性能の差に至るまで、思いつく限りの要素を取り上げて自国と敵国のどちらが有利かを事細かに精査することになっている。宗廟が祖霊への戦勝祈願の場から、作戦計画立案や戦勝の可能性を検討する場へと変化していったことは、戦争から呪術の要素が薄れていき、合理性が追求されるようになったことを示している。

反戦平和のために

『孫子』にはまた、謀攻篇《ぼうこう》に「百戦百勝は善の善なる者に非《あら》ざるなり。戦わずして人の兵を屈するは善の善なる者なり」（百回戦って百回とも勝利を収めるというのは最善ではない。戦わないで敵の兵を屈服させるのが最善なのである）とあるように、「戦わずして勝つ」ことをよしとする発想が見える。

こうした発想は、『老子』第三十一章の「兵は不祥《ふしょう》の器にして、君子の器に非ず。已《や》むを得ずして之を用うれば、恬淡《てんたん》なるを上と為す」（軍隊とは不吉な道具であって、君子が用いるものではない。やむを得ず用いる場合は、あっさりとした態度で用いるのが最上である）のような、武力の行使を不吉なものと見る、一種の非戦論《ひせんろん》の影響によるものであろう。

非戦論は『孫子』に見えるような軍事の合理化を追求する思想につながるとともに、反戦平和の思想の源ともなった。

東周時代の反戦平和思想として有名なのが、墨家《ぼっか》が主張する非攻説《ひこう》である。『墨子』の非攻上篇では、殺人の罪は「不義」とされ、一人を殺せば一の死罪、十人を殺せば十の死罪、百人を殺せば百の死罪に問われ、天下の君子から非難される。しかし他国への侵攻は非難されないばかりか、それを褒め称えて「義」であると言うのは、一体どうしたことかと、侵略戦争を厳しく批判する。

その非攻論の実践のため、墨家集団が大国に侵略された弱小国に助太刀をしたという話はよく知られている。そうした活動は、酒見賢一《さけみけんいち》による小説で、漫画化・映画化もされた『墨攻』の中に描かれている。

『墨子』公輸《こうしゅ》篇には、楚の国が公輸盤《こうしゅはん》（公輸班《こうしゅはん》、魯班《ろはん》などとも呼ばれる）の発明した新兵器雲梯《うんてい》（図4−3）を用いて宋国を攻めようとした際に、墨子すなわち墨翟《ぼくてき》が楚の都の郢《えい》に駆けつけ、侵攻をやめさせようとした話が見える。墨子は楚王の面前で、衣服の帯を城壁、木片を攻城・守城兵器に見立てて公輸盤と計略を戦わせた。戦争のシミュレーションによる対決を行ったわけである。攻める側の公輸盤に対して、墨子は九度の対決で九度とも防衛に成功し、楚王に宋への侵攻を諦めさせたとある。専守防衛に徹する墨家の態度は、「墨守《ぼくしゅ》」という言葉として現代に伝えられている。

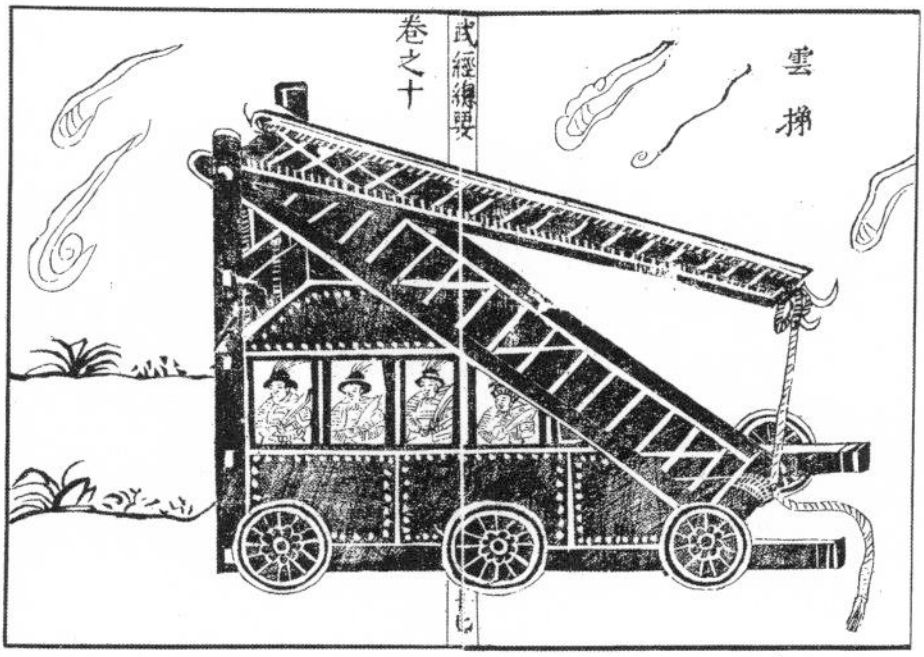

図4−3　雲梯（後の宋代の図より）

　墨家以外に、公孫龍《こうそんりゅう》ら名家《めいか》に属する思想家も反戦平和の主張を行った。公孫龍といえば「白馬は馬に非ず」のような論理学的な議論で知られるが、その一方で偃兵《えんぺい》説と呼ばれる反戦平和論も展開している。「偃兵」とは、兵を偃《や》める、すなわち戦争をやめるということである。墨家の非攻説は、防衛のための軍備や防衛戦までは否定しないが、偃兵説の場合はすべての軍事活動を否定し、軍備の撤廃を説く。すべての国が軍備を撤廃すれば、戦争をすることもなくなるという論理である。

公孫龍は燕や趙の君主に偃兵を説き、戦国四君のひとりである趙の平原君《へいげんくん》の食客《しょっかく》となった。『呂氏春秋《りょししゅんじゅう》』審応《しんおう》篇には、公孫龍が平原君の兄にあたる趙の恵王《けいおう》（恵文王《けいぶんおう》）に偃兵を説いた時のことが見える。

> 趙の恵王、公孫龍に謂いて曰く、「寡人《かじん》、偃兵を事《おさ》むること十余年なるも成らず、兵、偃《や》むべからざらんや」と。公孫龍対《こた》えて曰く、「偃兵の意、天下を兼愛《けんあい》するの心なり。天下を兼愛するは、虚名を以て為すべからざるなり、必ず其の実有り。……」
> （趙の恵王が公孫龍に言った。「私は十余年もの間偃兵に努めてきたが、うまくいかない。戦争は本当になくせるものなのだろうか」公孫龍は答えて言った。「偃兵の極意は、天下のものを分け隔てなく愛する心です。天下を兼愛するには、上辺だけでやろうとしてはいけません。実を伴わなくてはなりません」）

ここでは「兼愛」という言葉が出てくるが、周知のように兼愛説は非攻説などとともに墨家が掲げた理念のひとつで、自己を愛するのと同様に他者も愛せよということである。公孫龍の偃兵説は、墨家と同様に兼愛説を基盤としていた。「天下を兼愛する」とは、自国を愛するように他国のことも愛せよということである。天下の国々がお互いに侵略を否定しあい、自国の保全を願うように他国の保全も尊重すれば、国際平和をもたらすことができると考えていたのである。

正しい戦争

実のところ、墨家の非攻説や名家の偃兵説は理想主義的すぎると、他の学派から批判を浴びせられることとなった。上記の公孫龍の主張を記載した『呂氏春秋』でも、蕩兵《とうへい》篇では「古《いにしえ》の聖王に義兵《ぎへい》有りて偃兵有る無し」（太古の聖王は義兵を興したことはあっても偃兵を行ったことはなかった）と、偃兵は伝統にそぐわないと批判されている。

「義兵」とは正しい戦争、正義の戦争を指し、「義戦《ぎせん》」とも呼ばれる。「義戦」という用語は、『孟子』尽心下《じんしんげ》の「春秋に義戦無し」（『春秋』の書には義戦はない）という言葉で知られる。儒家も基本的には戦争には否定的なのであるが、義兵・義戦は例外であるとした。

孟子はこの義戦について、「征なる者は、上《かみ》、下《しも》を伐つなり、敵国は相い征せざるなり」（征とは、上位の者である王者が下位の者である諸侯を伐つということで、対等の国同士が戦うのは征とは言わない）と説明している。

つまり義戦とは、徳のある王者が罪を犯した諸侯を成敗することであり、『春秋』に見られるような対等の諸侯同士の戦争は大義名分のない私闘にすぎないと言うのである。なお、書き下し文中の「敵国」とは敵対する国ということではなく、匹敵する国、すなわち対等の国同士を指す。

『呂氏春秋』では偃兵説を退ける一方で、色々な理由をつけて義兵説を支持している。たとえば蕩兵篇では、先に挙げた文章に続けて、「兵の自《よ》りて来《きた》る所の者は上《ひさ》し、始めて民有ると倶《とも》にす」（戦争の由来は久しく、人が誕生して以来ともに存在したものである）と、戦争の由来を人類発祥の時点にまでさかのぼらせる。

戦争の由来についてては『孫臏兵法』勢備《せいび》篇にも言及がある。そこでは孫子の言葉として、生物が喜べば和合し、怒れば闘うというのは、天の道であって、とどめることができないものであると、戦争の由来を生物としての闘争本能に求める。現代でも耳にしそうな理屈である。

そして禽獣には牙や角、爪といった天兵《てんぺい》（自然に備わった天然の武器）があるが、人間にはそうしたものがないので、五帝のひとりとして知られる黄帝《こうてい》が剣を作り、弓の名人である羿《げい》が弓や弩《いしゆみ》を作り、禹が舟や車を作り、殷の湯王や周の武王が長兵《ちょうへい》(戈や矛のような長柄の武器)を作るといった具合に、聖人が各種の兵器を発明したのであるという。

本書では新石器時代の戦争の出現から中国古代の軍事について話を展開してきたわけであるが、古代の思想家も彼らなりに太古の時代の戦争のおこりについて思いを致したのだろうか。

話を『呂氏春秋』の義兵説に戻す。ほかにも蕩兵篇の「兵誠に義なれば、以て暴君を誅して苦民を振《すく》わん」(軍が本当に義であれば、暴君を懲らしめて苦しむ民を救うことになるだろう)とか、振乱《しんらん》篇の「夫れ攻伐《こうばつ》の事、未だ無道《むどう》を攻めて不義を罰せざること有らざるなり。無道を攻めて不義を伐てば、則ち福、焉《これ》より大なるは莫《な》く、黔首《けんしゅ》の利、焉より厚きこと莫し」(一体兵事には、無道の者を攻めて不義の者を罰しないということがなかった。無道の者を攻めて不義の者を伐てば、これ以上の幸福はなく、人民の利益もこれ以上厚いものはない)といった具合に、無道の者を懲らしめ、その横暴に苦しむ民衆を救済するための手段としての戦争を肯定する。

そもそも『呂氏春秋』は、秦の荘襄王《そうじょうおう》とその子の秦王政《しんおうせい》、すなわち後の始皇帝を擁立して宰相となった呂不韋《りょふい》が、自身の食客となっていた学者を動員して編纂したものである。儒家・道家・法家・墨家・名家など、各学派の説や故事を集めた百科全書的な雑家《ざっか》の書であるとされる。『呂氏春秋』で支持されている義兵説が、当時の秦国の軍事思想に幾分影響を与えた可能性はあるだろう。

ただ、湯浅邦弘によると、『呂氏春秋』では「義兵」「義戦」の「義」、すなわち正義とは何かということと、その反対の不義とは何かということについては、それほど深く追求していないのではないかという。これは秦国の限界を示していると見るべきなのだろうか。あるいは『呂氏春秋』、更にはそのバックグラウンドとなっている当時の中国の思想の限界と見るべきなのだろうか。

第三節　短い戦国時代

商君変法の虚実

前四世紀末頃からの「短い戦国時代」は、中原に位置する魏が覇権を失った後、七雄の中で強勢を誇る西方の秦、東方の斉、北方の趙、南方の楚のうち、秦が台頭していく歴史と見ることができる。

秦が強国化したのは、商鞅《しょうおう》の変法《へんぽう》がきっかけであるとされる。商鞅は衛国の出身で、もとは衛鞅《えいおう》あるいは公孫鞅《こうそんおう》といった。最初魏に仕えたが重用されず、秦に赴き、孝公《こうこう》に信任されて変法と呼ばれる改革を行った。秦に仕えてから商《しょう》・於《お》の地に封ぜられたので、商鞅あるいは商君《しょうくん》と呼ばれるようになった。

商鞅が最初に孝公に面会した際に帝道を説いたものの、はかばかしい反応が得られず、次に王道を説き、三度目に覇道を説くとようやく孝公が興味を示したという話はよく知られている。

商鞅の名や活動は、『史記』のような後世の文献だけでなく、同時代の出土文献の中にも見える。「大良造鞅《だいりょうぞうおう》」あるいは「大良造庶長鞅《だいりょうぞうしょちょうおう》」の名を刻した青銅の兵器や量器（度量衡の標準器）が発見されている。商鞅がこれらの器物の製造責任者となっていたということである。「大良造」（後に大上造と称される）、「庶長」（左庶長）は後文で触れる軍功爵であり、商鞅の伝記をまとめた『史記』の商君列伝にも、彼がこうした爵位を授けられたことが見える。

また湖北省荊州《けいしゅう》市で出土した楚国の竹簡、天星観楚簡《てんせいかんそかん》には「秦客公孫鞅、王を蒐郢《しゅくえい》に問うの歳」と、商鞅が秦の使者として楚の国都に赴いたという記述が見える。

商鞅の変法は「富国強兵」を目的としたもので、第一次、第二次と、二度にわたって行われたとされる。

第一次変法では、民を五戸単位の「伍《ご》」、十戸単位の「什《じゅう》」に編制し、互いに監視しあい、罪人が出れば連帯責任を問うという、五人組制度とも言うべき什伍《じゅうご》の制、一家に二人以上の男子がいれば必ず分家させ、違反した者は賦税を倍にするという制度、そして軍功を挙げた者に爵位を与え、君主の一族でも軍功のない者は公族の籍に入れないという軍功爵の制度を採用するといった改革が行われた。

軍功爵の制度は、下級の者であれば敵の首をひとつ挙げれば爵位を一級上昇させるというもので、爵位に応じて田宅《でんたく》（農耕地や宅地）、臣妾《しんしょう》（男女の奴隷）、衣服が与えられた。軍

20	徹侯（列侯）	侯
19	関内侯	
18	大庶長	官爵
17	駟車庶長	
16	大上造	
15	少上造	
14	右更	
13	中更	
12	左更	
11	右庶長	
10	左庶長	
9	五大夫	
8	公乗	民爵
7	公大夫	
6	官大夫	
5	大夫	
4	不更	
3	簪裹	
2	上造	
1	公士	

図4－4　漢代の二十等爵

功爵は公侯伯子男の五等爵とは異なり、爵位は世襲されず、一代限りである。

平民をも対象にした軍功爵の制度は、車兵から歩兵が主力へという編制上の変化とも相まって、国人による車兵のような専門性を必要としない、平民による歩兵を中心とする軍隊が形成されつつあったことを示している。この秦の軍功爵の制度が二十等爵として漢にも受け継がれた（図4－4を参照）。

第二次変法は、櫟陽《やくよう》（現在の陝西省西安市閻良区《えんりょう》）から咸陽《かんよう》（現在の陝西省咸陽市）への遷都を機に施行された。小規模の集落を統合して県を組織し、中央が任命した県令《けんれい》（県の長官）や県丞《けんじょう》（県の副長官）に統治させ、国全体で三十一の県を設置し、土地にかけられる賦税を全国均一とするために、阡陌制《せんぱくせい》と呼ばれる農地の区画整理が行われ、そして度量衡の統一が行われた。先に触れた「大良造鞅」の銘のある量器は、その際のものとされる。

ただし吉本道雅は、こうした改革のすべてが果たして商鞅の手によるものだったかを疑問視する。たとえば第一次変法での什伍の制は、孝公の父親献公《けんこう》の時代に既に実施していたと見られ、第二次変法での阡陌制は、孝公の孫にあたる昭襄王《しょうじょうおう》の時代にようやく実施されたものであると指摘する。

秦では、前四一五年～前四〇六年に在位した簡公《かんこう》の頃（在位年代は吉本氏の説による）より昭襄王の時代に至るまで少しずつ改革が進められてきた。孝公の時代にそのうちのいくつかが実施され、商鞅がそれに関与したことは十分にあり得るが、それらの改革のすべてを商鞅の変法として位置づけるのは、後世の附会ではないかと言うのである。

吉本氏は、商鞅の実像は軍事・外交に功績を挙げ、「商君」として封君《ほうくん》（封地を与えられ、諸侯国内の諸侯と言うべき地位についた者）にまで立身出世した大臣という以上のことは言えないとする。

商鞅の軍事的な功績については、たとえば『荀子』議兵《ぎへい》篇では、「斉の田単《でんたん》、楚の荘《そう》蹻《きょう》、秦の衛鞅、燕の繆蟣《ぼくき》は、みな俗世間で善く兵を用いる者であると言われている」と、衛鞅（商鞅）が後文に登場する田単らとともに、用兵家として評価されている。

秦が東方の大国斉に匹敵する強国として成長するにつれ、斉では覇者桓公と賢臣管仲が理想化されたように、秦では孝公と改革者としての商鞅が理想化され、歴代の改革が商鞅による変法として附会された。吉本氏は、商鞅の変法は史実というよりは「歴史認識」なのではないかと言う。

合縦連横

孝公の死後、商鞅は次の恵文王によって攻め殺され、その屍《しかばね》は車裂《くるまざ》きになったとされる。しかしその後も秦では、恵文王に仕えた張儀《ちょうぎ》、昭襄王に仕えた魏冉《ぎぜん》と范雎《はんしょ》、秦王政すなわち始皇帝を支えた呂不韋と李斯《りし》など、他国出身者を重用し続けることになる。

張儀は蘇秦《そしん》とともに縦横家《じゅうおうか》の代表格とされ、先輩にあたる蘇秦の合縦策《がっしょうさく》と呼ばれる対秦同盟に対抗するため、秦と各国との個別同盟形成、すなわち連横策《れんこうさく》を推進したとされる（「合縦連横」は「合従連衡」とも表記される）。商鞅と同様に、張儀の名も「相邦《しょうほう》張儀」といった形で青銅兵器の銘文に見える（「相邦」とは後代の相国を指す。宰相のことである）。

しかし六国の宰相となり、秦と対抗するための合縦策を指揮したという蘇秦の事績については近代に入ってから疑問視されるようになり、フランスの中国学者アンリ・マスペロのように、蘇秦の事績は当時の遊説家にとっての「理想の小説」であるとまで言う者もいた。

蘇秦・張儀の事績は『史記』や『戦国策』に見える。このうち『戦国策』は、前漢武帝期の『史記』より遅れて前漢末に編纂された。一九七〇年代に湖南《こなん》省長沙《ちょうさ》市の馬王堆漢《まおうたいかん》墓《ぼ》より出土した帛書《はくしょ》本『戦国縦横家書《せんごくしょうこうかしょ》』は『戦国策』に類する文献であり、その書写年代は『史記』『戦国策』より古い前漢の初期である。

『戦国縦横家書』は特に蘇秦の事績について多く触れており、その分析の結果、蘇秦は張儀よりも少し後の時期に活動した人物であると見なされるようになった。秦の君主でいえば、張儀が恵文王の時代の人であり、蘇秦は次の昭襄王の治世の初期に活動した人物ということになる。中国の歴史ドラマシリーズ『大秦帝国』では、蘇秦や張儀についてこうした年代観を採用している。

戦国時代の基本的な研究である楊寛の『戦国史』では、魏に仕えた公孫衍《こうそんえん》（あるいは犀首《さいしゅ》とも）を、張儀と同時期に、その連横策に対抗して合縦策を推進した人物として位置づけている。公孫衍は「六国合縦」ならぬ、魏・趙・韓・楚・燕による「五国伐秦」を企図したとされる。

隗より始めよ

蘇秦は燕の昭王《しょうおう》に仕えた人物とされるが、燕の昭王に触れるには、まず当時の燕国の内紛について見なければならない。

燕の昭王の父は燕王噲《えんおうかい》というが、王位を息子の太子平《たいしへい》ではなく、宰相の子之《しし》に譲り、その臣下となった。血のつながりを問わず、賢人の子之に王位を譲るという、禅譲《ぜんじょう》の実践である。それに不満を持った将軍市被《しひ》は太子平を擁立し、反乱をおこしたが、子之側が勝利し、将軍市被と太子平は敗死した。しかしこの燕の内紛に斉国が介入し、国都が占領されたうえに燕王噲も子之も殺害された。前三一四年のことである。

この時に、斉国だけでなく北方の中山国《ちゅうざんこく》も出兵したようである。中山国は、狄に属する鮮虞《せんぐ》と呼ばれる集団によって建てられたとされる。

当時の中山国の金文として中山王礜方壺《ちゅうざんおうさくほうこ》（集成九七三五）などがある。この銘文では「適《たま》ま燕君子噲の、大義を顧みず、諸侯に旧《きゅう》せずして、臣主位《しんしゅくらい》を易《か》うるに遭《あ》う」（時に燕王噲が、大義を顧みず、諸侯との関係を断ち、臣下と主君とが立場を入れ替えるということがおこった）などと、この事件について否定的に言及する。

そして相邦すなわち宰相の賙《しゅう》が「人臣為《じんしんた》るに反《かえ》って其の宗《そう》を臣とす、不祥なること焉《これ》より大なるは莫《な》し」（人臣でありながら逆にその主君を臣下とする、悪事としてこれより大きなものはない）と、自ら甲冑を身につけて燕に出兵したことを記す。燕の禅譲劇は、他国の目には異様な出来事と映ったようである。

銘文にはまた「中山王礜、相邦賙に命じて燕の吉金《きっきん》を択《えら》び、鋳《い》て彝壺《いこ》を為《つく》らしむ」（中山王礜が相邦の賙に命じて燕から得た銅器を選別させ、祭祀に用いる壺を鋳造させた）とあり、相邦の賙が出兵した際に略奪した燕の青銅器を鋳つぶして造られたもののようである。

諸国の軍が燕国から撤兵した後に国君として立てられたのが昭王である。燕王噲の子のひとり公子職《こうししょく》が即位したものとされている。

燕の昭王は「隗《かい》より始めよ」の故事で知られる。昭王が遊説家の郭隗《かくかい》に賢人を探すよう求めた際に、「まずこの私を厚遇することから始めなさい」と答えたという話である。郭隗程度の人物が厚遇されているとなれば、それより優れた人物であれば更なる礼遇が得られるであろうと見込んで、賢人が続々と集まってくるに違いないというわけである。果たして後に斉との戦いで活躍することになる楽毅《がっき》らが仕官を求めて燕にやって来た。蘇秦もそうして燕の昭王に仕えることになったのかもしれない。

ここでようやく蘇秦が登場する。『戦国縦横家書』によると、蘇秦は斉への復讐を望む燕の昭王の意を承け、斉を孤立化させるために活動した外交官的な人物であると位置づけられる。『戦国縦横家書』には、蘇秦と燕の昭王や斉の湣王《びんおう》との間の書簡を資料として用いた章が多く含まれているとされる。蘇秦は斉に対しては、斉のために献策すると見せかけて、その力を削ぐ二重スパイのような働きをしたようである。

前二八八年、東西の大国である斉と秦は、それぞれの君主である湣王と昭襄王が「東帝」「西帝」と、王号を超える帝号を称することを認め合って同盟を結び、ともに趙を攻めることとした。この斉秦両国の称帝も、「ポスト覇者体制」を模索する動きのひとつである。しかし斉が趙よりも宋国への侵略に興味を示したため、同盟は短期間で破綻し、両国はともに帝号を取り下げることになる。

前二八六年に斉は宋国を滅ぼし、併合する。殷王の血脈を受け継ぐ西周以来の国が滅んだわけであるが、「長い春秋時代」から「短い戦国時代」の間に、こうした古い歴史を誇る中小規模の国家の滅亡が相次いだ。前三七五年には、東遷期に強勢を誇った鄭が韓に滅ぼされている（韓は以後鄭の都であった新鄭《しんてい》に遷都し、「鄭」とも呼ばれるようになった）。前二五六年には、周王朝が秦の圧力により、最後の赧王《たんおう》の死を承けてその命脈を閉じ、前二五〇年には周公旦以来の魯国も楚に滅ぼされている。

話を戻す。この宋の滅亡が斉に対する警戒感を高めることになった。前二八四年に燕・秦・韓・魏・趙の五国連合軍が斉に攻め入って大敗させ、都の臨淄を陥落させている。この五国連合軍の総大将が、燕の上将軍となっていた楽毅である。

蘇秦は東西称帝の際に斉の目を宋に向けさせたり、斉と各国とを離間させるという役割を果たしたとされる。楊寛の考証によると、楽毅により斉が大敗する直前に、その反間の計略が露見し、斉の湣王の命により車裂きの刑に処せられたということである。しかしその湣王も、楚が援軍に使わした将軍淖歯《とうし》によって殺害される。

楽毅の猛攻により、斉は七十余城を奪われ、残すは莒《きょ》と即墨《そくぼく》の二城だけとなった。湣王の子の襄王《じょうおう》は、前文で名前を挙げた田単を抜擢し、彼の手によって奪われた七十余城を取り戻し、斉は復興を果たすが、以後、覇権争いからは脱落する。

胡服騎射

この時代の戦争の変化といえば、既に触れたように、車兵にかわり、平民による歩兵が軍の主力となっていたことが挙げられる。そのほかにも、銅製の武器にかわって次第に鉄製の武器が用いられるようになったこと、通常の弓矢に対して飛距離と貫通力で勝る弩《ど》が用いられるようになったこと、そして戦車という形ではなく将兵が直接馬に跨がる騎兵が本格的に導入されるようになったことなどが挙げられる。

第一章で紹介したように、騎兵は殷代に既に存在していたという説がある。楊寛は、春秋と戦国の間に、戦車と併用する形で騎馬が用いられることがあったと指摘する。そして更に本格的に騎馬の導入を図った人物として知られているのが、趙の武霊王《ぶれいおう》である。

趙国は現在河北省に属する邯鄲《かんたん》に都を置き、燕国や中山国とともに北方に位置する。「文明」を同じくする中原の国々だけでなく、林胡《りんこ》や楼煩《ろうはん》といった遊牧民からなる勢力と隣接していた。

遊牧は家畜を飼育する牧畜の一種であるが、一ヵ所に定住せずに、季節ごとに家畜を引き連れて別の牧草地へと移動する。彼らが飼育する家畜には馬が含まれており、そのため遊牧民の勢力は騎馬に長けているとされる。第二章で述べたように、西周を攻めた玁狁は、遊牧民ではなく農耕民と牧畜民の複合集団ではないかと考えられている。「中国」の国家はこの時代になってようやく本格的に遊牧民と向かい合うようになったのである。

趙の武霊王は、そういった遊牧勢力、あるいは近隣の中山国と対抗するために騎兵の導入を図った。馬に跨がるには、裾の長い衣服では不便であるということで、下半身につける衣服がズボン状になっている遊牧民の「胡服《こふく》」を採用したとされる。これが武霊王による「胡服騎射《こふくきしゃ》」と呼ばれる改革である。「胡服」という言葉で察せられるように、後の匈奴も含めて北方の遊牧民の諸勢力はしばしば「胡」と総称された。

中国古代史研究者の柿沼陽平《かきぬまようへい》が指摘するように、胡服騎射は長城の建設や河川に配備するための戦闘用の船舶の建造といった他の軍事的施策と連動させることで大きな効果を挙げ、その結果、胡の制圧に成功し、また中山国の征服に成功した。前二九六年、前文で取り上げた中山王嚳方壺の制作より少し後のことと見られる。

そして橋本明子《はしもとあきこ》や柿沼氏は、胡服騎射は、胡と対抗するための軍制改革にとどまらず、中原の服飾を排して胡の服飾を採用することで、逆に胡人との親和を図る礼制・外交改革でもあったと言う。武霊王は、自国を中原の国家としてだけではなく、胡の政権として位置づけようと試みたようである。

「武霊王」という呼称であるが、実は彼自身は一旦王と称した後に王号を取り下げ、国内では自らを「君」という号で呼ばせた。そして息子のひとり王子何《おうじか》に「生前譲位」する一方で、彼には王号を名乗らせ（すなわち趙の恵文王《けいぶんおう》）、自らは「主父《しゅほ》」となり、胡服を続けた。柿沼氏はこれを、武霊王すなわち主父が恵文王に「中国」に属する国家である趙の統治を委ね、自らは胡人の君主として外征を続けるという分割統治、あるいは二重統治と見ている。

武霊王には王子何（恵文王）のほかに、元の太子である章《しょう》がいた。王子何が後継者とされる以前の太子で、王子何の誕生とともに太子の地位を取り上げられた。武霊王には、将来的には趙を二分して彼を代王、すなわち胡人の王とする計画もあったようである。しかしその計画が頓挫すると、弟の風下に立つのをよしとしない章がクーデターを決行し、誅殺される。そのクーデターに巻き込まれる形で武霊王も死亡した。武霊王の死後も、後述する秦との長平《ちょうへい》の戦いに敗れるまで、趙は軍事大国としての地位を保つこととなる。

帝国への胎動

武霊王の時代以後、趙は、従来の「中国」に属する趙の人々とともに、遊牧を生業とする胡に属する人々も支配下に収めることとなった。強大な軍事力を背景として多様な集団を統治したということで、当時の趙は「小帝国」と位置づけられる。趙の帝国化は、武霊王の王号→君号→主父号といった称号の変遷とともに、「ポスト覇者体制」を模索した動きと見ることができる。

こうした「小帝国」を形成したのは、趙国だけではなかった。たとえば現在の北京《ペキン》にあたる薊《けい》に都を置いた燕国は、「隗より始めよ」の昭王の時代に東胡《とうこ》という遊牧民の勢力を攻め、遼東半島《りょうとう》のある遼東の地域、そして現在中国と北朝鮮との国境となっている鴨緑《おうりょく》江《こう》より更に東へと領域を広げている。中国考古学の分野の宮本一夫《みやもとかずお》によると、燕の東方進出は、青銅器などの出土物の形式からも裏づけられるとのことである。

宮本氏は、燕の東方進出が、玉突き状に避難民や移住といった形で遼東方面の在地勢力による朝鮮半島への進出を促し、これが朝鮮半島、ひいては日本列島へ鉄器やその生産技術が伝播・拡散していくことにつながったのではないかという見通しを示している。

秦の場合は、恵文王・昭襄王の時代に、義渠《ぎきょ》や巴《は》・蜀《しょく》といった勢力を滅亡させ、支配下に置いている。秦漢史研究の髙村武幸《たかむらたけゆき》は、これを秦の「帝国」化と位置づけている。

義渠は、オルドス（黄河の屈曲部）に盤踞していたと見られる勢力で、あるいは「義渠の戎」とも言う。『史記』秦本紀では義渠が匈奴と混同されているようである。ただ、義渠が匈奴のような遊牧民による勢力であったのか、はたまた「西戎」「犬戎」といったように、「戎」と位置づけられた西周の玁狁のような農耕民と牧畜民の複合集団であったのか

図4－5　三星堆遺跡出土の縦目仮面

はよくわからない。

秦では恵文王の時代から義渠に対して優勢となり、その領域を奪い取って支配下に収めていくようになる。『史記』匈奴列伝では、その恵文王の側室で、昭襄王の生母である宣太后《せんたいごう》が義渠の王と私通し、二子を儲けていたという話を伝える。後に嫪毐《ろうあい》と私通して二子を儲けた始皇帝の生母を思わせる逸話である。秦には君主の生母が力を持って奔放に振る舞う伝統があったのかもしれない。あるいはそれらはともに史実を伝えたものではなく、幼年・若年の君主を擁した母后を貶めるための伝説であったのかもしれない。

中国ではこの宣太后をヒロインとするドラマ『ミーユエ　王朝を照らす月』が放映され、人気を博した。前述の『大秦帝国』シリーズでも彼女が重要人物として登場する。しかし宣太后は自分の愛人である義渠の王を秦の甘泉宮《かんせんきゅう》に誘い出して謀殺し、昭襄王は義渠に出兵して攻め滅ぼしている。

もう一方の巴・蜀について見てみよう。巴は現在の重慶《じゅうけい》市、蜀は四川《しせん》省成都《せいと》市を中心とする国であり、それぞれ王がいた。この地域では巴蜀文字と呼ばれる独自の符号のようなものが用いられ、また「縦目仮面」などで知られる三星堆《さんせいたい》文化のように（図4－5）、殷・西周の頃から独自の文化が栄えていた。

しかし恵文王の時代にそれぞれ滅ぼされることとなった。蜀は当初秦の王族を蜀侯として治めさせたが、後に蜀侯の地位を廃して蜀郡を設置し、官吏を郡守に任命して統治させる方式に切り替えている。

蜀地のように、趙や燕も征服した外地に郡県を設置している。また趙が征服地に長城を建造したように、秦や燕も長城を建造した（図4－1参照）。これらの長城が始皇帝の時代の万里の長城の基礎となっていく。

こうした小帝国の形成を通じて、「中国」は再び本格的に外部の勢力や集団と向き合うようになっていく。そして秦が六国を滅ぼし、併呑していくことで、小帝国が大帝国として束ねられることになる。趙・燕・秦などによる小帝国の形成は、来るべき帝国への胎動と位置づけることができるだろう。

長平の戦い

四つの強国のうち、南方の楚の動きも見ておこう。楚は前三三三年に越を滅ぼし、かつての呉国の領域をも合わせて併合している。征服地には江東《こうとう》郡が置かれている。楚もまた

「小帝国」の形成を図っていたようである。

しかし楚の懐王《かいおう》は前二九九年に、秦の昭襄王の求めに応じて盟約を結ぶために自ら武関《ぶかん》（現在の陝西省丹鳳《たんほう》県の東）まで出向いたところ、秦によって拘留されてしまう。『楚辞《そじ》』で知られる屈原《くつげん》が結盟に赴こうとする懐王を引き留めたものの、聞き入れられなかったというのは、この時のことである。

楚では新たに頃襄王《けいじょうおう》を立てて秦への抵抗の意志を示す。囚われの懐王は、一度は昭襄王のもとから逃亡を果たすものの、逃亡先の趙国で身柄を受け入れてもらえず、秦へと連れ戻されてしまう。懐王は秦で生涯を終え、故国へと戻ったのは遺体となってからであった。

屈原は讒言により頃襄王の怒りを買い、宮廷から追放された。そしてその行く末を案じつつ、汨羅《べきら》に身を投げた。旧暦五月五日のことであったとされる。端午の節句に粽《ちまき》が食べられるのは、屈原への弔いに由来すると言われている。また中国で行われるドラゴンボートも屈原に関係した風習である。

その後の楚国であるが、前二七八年に秦の将軍白起《はくき》の攻撃により、都の郢《えい》（現在の湖北省荊州《けいしゅう》市）や別都の鄢《えん》（現在の湖北省宜城《ぎじょう》市）が攻め落とされ、その際に楚の先王の陵墓や宗廟も焼き尽くされたという。特に鄢での戦いでは白起は水攻めを行い、楚側はおびただしい死者を出した。都を追われた楚は陳《ちん》（現在の河南省周口《しゅうこう》市淮陽《わいよう》区）へと遷都する。以後、楚の国勢は振るわなくなり、強国の地位から脱落する。

楚都のあった現在の湖北省荊州市及び周辺一帯には、秦の南郡《なんぐん》が設置された。南郡の地域からは、睡虎地秦簡《すいこちしんかん》など戦国末期から秦・前漢にかけての簡牘《かんとく》が多く発見されている。睡虎地の墓葬から発見された簡牘には、『法律答問《ほうりつとうもん》』など法律関係の文献、国家の歴史及び被葬者個人の履歴を年表としてまとめた『編年記《へんねんき》』、当時の人々の書簡など、貴重な史料が含まれている。そのうちのいくつかを後文で参照することにしたい。

秦に対抗しうる強国として残されたのは、趙である。秦と趙との天下分け目の決戦となったのが、前二六二年から前二六〇年にかけての長平《ちょうへい》の戦いである。秦が攻める側、趙が守る側という戦いであるが、当初趙側は老練の廉頗《れんぱ》を守将とし、彼が堅守に徹したため、足かけ三年もの間、秦側が攻めあぐねていた。そこで秦側は間諜を使い、趙王に「秦は名将と謳われた趙奢《ちょうしゃ》の子の趙括《ちょうかつ》が守将となることを恐れている」と吹き込み、信じさせた。

趙王が廉頗を更迭し、前評判は高いが実績のない趙括を後任とすると、秦は白起を上将軍として投入する。白起は陽動作戦で趙括をおびき出してこれを包囲し、彼らの糧道を断った。追い詰められた趙括は秦軍の包囲を突破しようとするが、果たせず、秦軍に射殺さ

図4－6　長平の戦い古戦場跡一号尸骨坑全景

れることになる。残された四十万の趙兵は白起に降伏した。しかし白起は彼らが反乱を起こすことを恐れ、尽《ことごと》く生き埋めにしてしまう。

その後、白起は勲功の大きさから、宰相の范雎《はんしょ》や主君の昭襄王から疑われるようになり、自害を命じられる。その際に、長平の戦いの時に降伏した趙兵を騙して生き埋めにしたのは死に値する罪であると納得して自刎したという。

一九九五年、山西省高平《こうへい》市にほど近い永録《えいろく》村の長平の古戦場にて、この時に殺害されたと見られる趙兵を葬った穴が発見された。複数ある穴のうち、一号尸骨坑《しこっこう》のみ発掘調査され、遺体の数はおよそ百三十体、人骨はすべて男性のもので、年齢は三十歳前後のものが最も多く、平均身長はおよそ百七十センチということである（図4－6）。人骨の状態を見ると、兵士は生き埋めにされたわけではなく、大部分が殺害後に乱雑に葬られたものではないかという。

その後、二〇一一年、そして二〇二〇年七月に、付近の農村で同様の尸骨坑が発見された。生き埋めにされたのか、殺害後に埋められたのかという仔細に疑問はあるが、大量虐殺が行われたこと自体は確かなようである。

この大敗により、趙国も強国の地位から脱落する。「中国」では秦と渡り合える国が存在しない「秦一強」の状況となった。

来るべき世界

前二五六年に、赧王の死によって周王朝が断絶した際に、秦の昭襄王は周よりその権威の象徴とも言うべき九鼎《きゅうてい》を接収している。単独で秦に立ち向かえる国がなくなり、諸侯が奉ずるべき周王朝も消滅し、いよいよ秦の「天下」が見えてきた。

ついでに言えば、彼らの属する世界を指す「天下」という言葉が盛んに使われるようになるのは、呉越の争いの頃に活躍した孔子の時代の頃からであるとされる。『論語』にはちらほらと「天下」という言葉が見える。また第二章・第三章で引いた金文の曾侯腆鐘《そうこうよしょう》にも「天下」という言葉が見えるが、これも孔子と同時期の前五〇六年の柏挙の戦いの後に作られたものである。

それでは秦、ないしは昭襄王は、「周王朝後」の世界に対してどのような構想を抱いていたのだろうか。『史記』秦本紀によると、秦は前二五四年に天下の諸侯を来朝させ、その際に魏が遅れてやって来たというので懲罰の軍を興し、以後魏は秦に国政を委ね、その命令を窺うようになったという。

その曾孫にあたる始皇帝がやったような、六国を次々と滅ぼすという形の「天下統一」ではなく、秦がかつての西周王朝の天子のような地位を得て、秦に入朝するなど従順な態度をとる限りは諸侯の地位を保証するといったような、西周時代の諸侯封建の世に近いあり方を志向していたようである。秦は現在の陝西省に相当する西周王朝の故地を本拠としていたが、政治的にも周の後継者たらんとしていたのかもしれない。

また、当然のことながら、秦以外の六国の人々は「来るべき秦の天下のあり方」がはっきり見えていたわけではない。中国古代史研究者の大櫛敦弘《おおくしあつひろ》によると、当時、秦が他国を尽く滅ぼして全国を直轄支配するという統一国家像のほかに、他の諸侯の存在を認め、秦が「帝」として彼らに君臨するという国際秩序観も存在していたという。後者の国際秩序観は、諸侯が秦に入朝するようになった周王朝滅亡後の「中国」の状況の延長であった。

しかし「来るべき世界」の構築は、前二五一年の昭襄王の死によって一旦中断する。昭襄王は五十六年という長い在位期間を誇ったが、その子の孝文王は在位わずか三日で没した。その後を継いだ荘襄王《そうじょうおう》は、趙で人質になっている際に呂不韋に「奇貨居《きかお》くべし」と見出され、彼の運動によって秦の後継となった。その荘襄王も在位三年で没し、数え十三歳で秦王政が即位する。
短命の王が続き、ついで若年の王が即位し、秦では国内で混乱が続いた。「来るべき世界」に向けて再始動するのは、そうした混乱が収まってからである。秦王政の即位当初、政治の実権は相国（宰相）の呂不韋に握られていた。呂不韋についても、「相邦呂不韋」と、その名を刻した当時の武器が複数発見されている。そのうちのいくつかは秦の兵馬俑坑から発見され、兵馬俑の年代を決定する根拠のひとつとなった。

前二三八年にその呂不韋が、太后の寵愛を受けていた嫪毐の謀反に連座して失脚すると（呂不韋は嫪毐の推薦者であるとされる）、秦王政は活発に他国への侵攻を行うようになる。そして前二三〇年に韓を攻めて王を捕らえたのを皮切りに、趙、魏、楚、燕、斉と次々に攻め滅ぼしていく。

この前二三〇年、すなわち秦王政の十七年が秦による統一戦争の始まりであると位置づけられる。ただ、韓を滅ぼしたのは、『史記』秦始皇本紀《しんしこうほんぎ》及び睡虎地秦簡の『編年記』では秦王政の十七年のこととされているが、新出資料の胡家草場前漢簡《こかそうじょうぜんかんかん》の『歳紀《さいき》』では、その前年の秦王政の十六年、西暦では前二三一年に韓を破り、その王を得たとある。『歳紀』も『編年記』と同様の形式の年表であるが、書かれた年代は秦の時代の『編年記』より遅い前漢時代である。仮にこちらの記述が正しいとすれば、統一戦争の開始は一年早まることになる。これについては今後の研究に俟ちたい。

韓の次に滅んだとされる趙については、国都邯鄲が陥落した後も王族の公子嘉《こうしか》が代に逃亡して代王となり、燕と結んで抵抗を続けている。この代王嘉の勢力の滅亡をもって趙の滅亡とする説もある。この場合趙の滅亡は燕と同年の前二二二年となる。

楚の滅亡の際には、楚王が捕らえられた後も楚将の項燕《こうえん》が、秦に仕えていた楚の王族の昌平君《しょうへいくん》を擁立して抵抗している。項羽はこの項燕の孫にあたる。項燕は現在の安徽省《あんきしょう》宿州《しゅくしゅう》市にあたる蘄《き》で秦軍に敗死した。後に陳勝《ちんしょう》・呉広《ごこう》が蜂起する大沢郷《だいたくきょう》は、この蘄に属する土地である。

燕征伐の前後におこったのが、『史記』刺客列伝に描かれる荊軻《けいか》による秦王政暗殺未遂事件である。また当時燕の領土であった遼寧省《りょうねい》遼陽《りょうよう》市からは、「杜陽《とよう》」「上郡《じょうぐん》」など秦の地名を刻んだ青銅の兵器が出土している。これらは秦が燕を攻めた際の遺留品であるとされている。

原泰久《はらやすひさ》『キングダム』の主人公である秦将の李信《りしん》も統一戦争の各戦役に従軍している。『史記』白起王翦《おうせん》列伝によると、燕に遠征した際には、荊軻による暗殺の黒幕である燕の太子丹《たいしたん》を追撃し、遼東の衍水《えんすい》という川で打ち破って身柄を得たという。ただし『史記』燕召公世家及び刺客列伝によると、太子丹は衍水では難を逃れ、後に燕王喜が太子丹の首を斬って秦に差し出したとされている。また楚に遠征した際には、楚軍に大敗し、王翦と交代させられている。

秦は前二二一年に斉を滅ぼしたことで「天下統一」を達成した。征服地にはそれぞれ郡が設置され、秦の領内に編入された。

この帝国の片隅に

結局他の諸侯の存在を認めたうえで秦が彼らの上に君臨するという国際秩序の確立ではなく、諸侯を滅ぼして統一帝国を形成するという方向が採用され、実行に移されたわけである。大櫛氏によると、『史記』秦始皇本紀に見える、統一を達成した直後の秦王政の詔に、六国討滅への方針転換を正当化する言葉が見えるという。

異日《いじつ》韓王、地を納めて璽《じ》を效《いた》し、藩臣と為るを請う。寡人《かじん》以て善《よ》しと為し、兵革の息《や》まんことを庶幾《こいねが》う。已《すで》にして約に倍《そむ》き、趙・魏と合従《がっしょう》して秦に畔《そむ》く、故に兵を興こして之を誅し、其の王を虜《とりこ》にす。

（以前韓王は「我が国に」領土を納めて印璽を献上し、藩臣となることを請うた。私はこれを善しとし、戦乱がやむことを願った。しかしほどなくして「韓は」盟約に違反し、趙・魏と同盟して秦

に背いたので、兵を発して成敗し、その王を捕らえたのである）

ここでは韓を滅ぼした理由について述べているが、後文では他の五国についても同様の理由を挙げている。秦としては諸国を藩臣として遇するつもりであったのに、そちらが盟約に背いて逆らったからやむを得ず滅ぼしたのだということである。大櫛氏が指摘するように、これは勝者の側の秦による建前にすぎず、本音ではないという可能性もある。あるいは韓以下の討滅は秦と六国とのボタンの掛け違いの結果によるものであり、六国が秦の藩臣として存続する未来も可能性としては十分にあり得たのかもしれない。秦王政の親政開始後も、斉王と趙王が秦に入朝していること、そして統一によってすべての諸侯国が廃されたわけではなく、小国の衛が二世皇帝の時代まで存続していることがそれを示しているだろう（ただし統一が成った前二二一年に衛も滅亡しているという説もある）。ひとりの「帝」のもとに諸国が併存するという国際秩序観は、統一の後も理想として残り続けることになる。

秦の人々は統一についてどう思っていたのだろうか。その手がかりとなるのが、前述の睡虎地秦簡『編年記』である。これは昭襄王以後の秦の歴史と、もとの楚地に設置された南郡の下級官吏である「喜《き》」という人物の履歴を年表としてまとめたものである。

『編年記』では秦の統一戦争について、「十七年、韓を攻む」「十八年、趙を攻む」といった具合に、秦王政の各年に各国を攻めたという記述が簡潔に見えるのみである。そして統一が達成されたはずの秦王政の二十六年の条には、ただ「廿《にじゅう》六年」という年数を記すのみで、「斉を攻む」という記述すら見えない。この統一に対する無関心が、当時の人々の統一への評価だったのだろう。世界の片隅である南郡に暮らす人々にとっては、統一の達成は新たなる歴史の出発点ではなく、これまでの日常の延長にすぎなかった。

第五章　秦漢王朝　「中国」の形を求めて

ようやく統一が成ったはずの「中国」だが、秦の始皇帝の死後、たちまち陳勝《ちんしょう》・呉広《ごこう》の乱がおこり、統一が瓦解する。秦が統一後わずか十五年にして滅亡すると、「中国」では項羽《こうう》と劉邦《りゅうほう》による楚漢戦争が展開される。その頃、北方の草原地帯でも匈奴による統一が進みつつあった。この章では漢と匈奴の二つの帝国の成立と激突を見ていこう。

【年表】

前二二一年　秦による統一の達成
前二一〇年　始皇帝の死、二世皇帝の即位
前二〇九年　陳勝・呉広の乱が勃発
前二〇六年　秦の滅亡、楚漢戦争の開始
前二〇二年　劉邦が皇帝に即位（前漢王朝の成立）
前二〇〇年　白登山の戦い……劉邦が匈奴の軍に包囲される

【人物】

始皇帝　二世皇帝（胡亥）　陳勝　項羽　劉邦　懐王（義帝）　冒頓単于　韓王信

第一節　秦を亡ぼす者は胡なり

十二体の金人

秦は統一後、君主の号を「王」から「皇帝」と改めた。統一秦の初代皇帝である秦王政は死後に「始皇帝」と呼ばれることになり、以後、二世皇帝、三世皇帝とその地位が継承されるはずであった。

また秦では、周のように皇族や功臣を諸侯に任命して地方を治めさせる封建の制を廃し、中央集権の制を採った。前章で見たように戦国秦や趙などは「帝国化」の過程で征服地を郡としたが、これを全国規模で行ったのである。

すなわち全国を三十六の郡に分け、中央で長官にあたる守《しゅ》や軍官にあたる尉《い》、監察官にあたる監《かん》を任命して統治させた。諸侯とは異なって郡守などの官吏には任期があり、世襲も認められない。郡の下には県を置き、やはり令《れい》（長官）・丞《じょう》（副官）といった官吏を任命して治めさせた。これが郡県制と呼ばれるものである。郡の数は後に更に増加した（図5−1）。

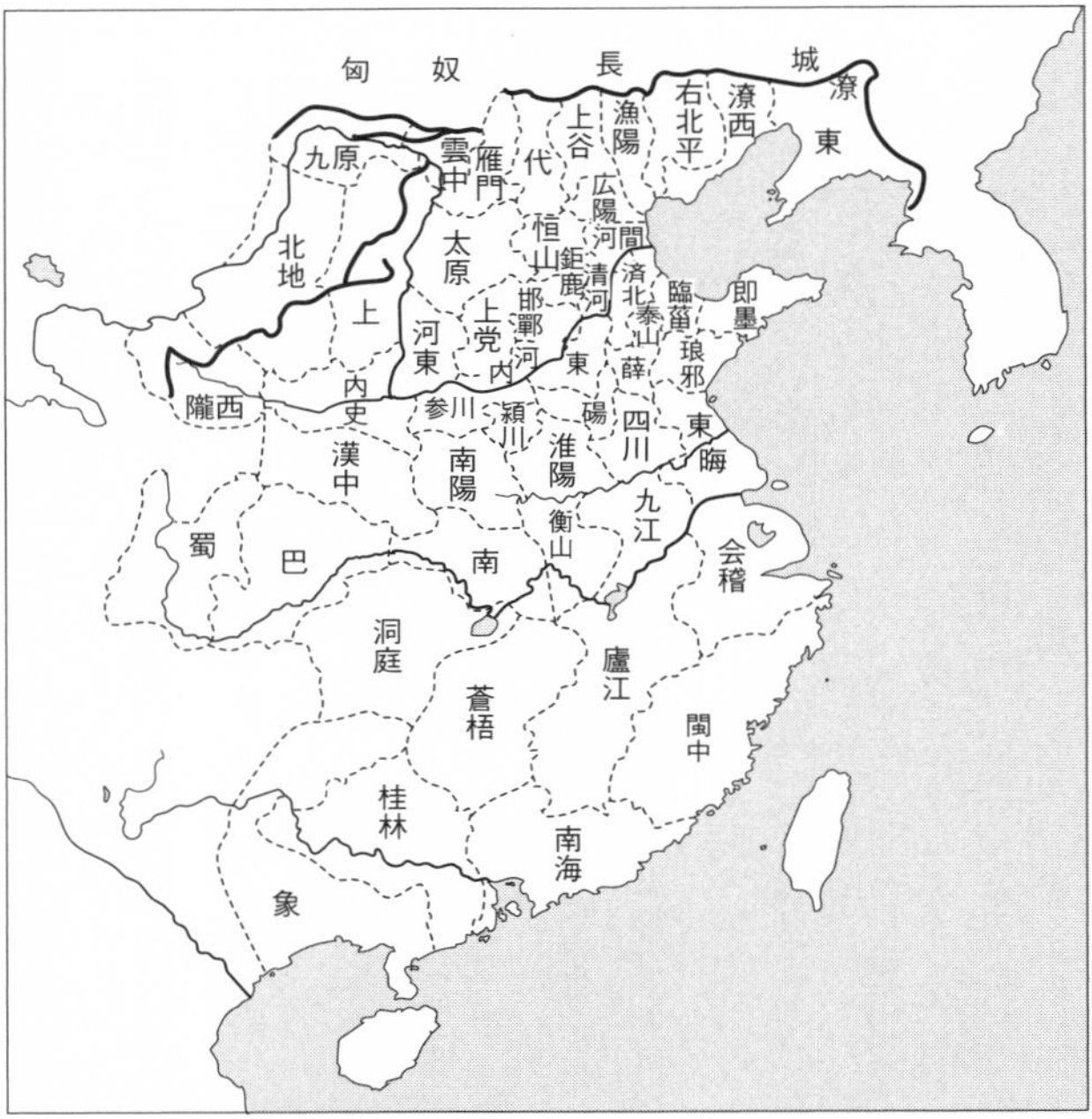

図5−1　秦の支配領域と郡

そして度量衡《どりょうこう》、すなわちものの長さ・容積・重さといった単位、貨幣の制度、文字の形や書体、車軌《しゃき》（車の両輪の幅）の統一が行われた。度量衡の統一については前述のように、商鞅の時代に行われている。郡の設置と同様に、統一以前の政策を全国規模で行ったものである。先に触れた「大良造鞅」の名が見える量器には、始皇帝の時代の銘文も併せて刻まれており、度量衡の統一が商鞅の政策を基礎としていたことがわかる。

軍事が関係するもので特異な政策は、金人《きんじん》の鋳造である。『史記』秦始皇本紀には、天下の兵（兵器）を都の咸陽に集めてこれを溶かし、鍾鐻《しょうきょ》と十二の金人を造ったとある。鍾鐻は楽器の鐘とそれを掛ける台、金人は銅の人像である。この時代には既に鉄製の兵器も存在していたわけであるが、実のところ銅製の兵器もまだまだ多く用いられていた。第一章で述べたように、鉄器の時代に入ったからといって、完全に銅器に取って代わったわけではないのである。

金人の重さは千石（約三十トン）。身長は一説によると五丈（約十一・五メートル）であったというから、かなり巨大なものである。参考までに挙げると、奈良の東大寺《とうだいじ》の大仏の座高が十五メートル程度とのことである。

国中から兵器を収集して銅像を造ったというと、京都の方広寺《ほうこうじ》の大仏を造るという名目で刀狩りを進めた豊臣秀吉《とよとみひでよし》の事績が連想される。始皇帝の場合も、その目的は武器を持てる者を官軍に限定することで反乱を未然に防ぎ、かつ統一の象徴となるものを造ることにあったのであろう。

睡虎地秦簡の『秦律十八種《しんりつじゅうはっしゅ》』に見える「工律《こうりつ》」という法律によると、秦の時代には公有の甲兵（武器）には、それらを所有・管理する官署の名前を標識として刻んだり書き入れたりし、百姓《ひゃくせい》（庶民）に甲兵を貸与し、返却された場合は、必ずその標識を確認すると定められている。やはり武器の所有を官に限定しようとしたようである。

なお、鍾鐻と金人は秦が滅亡した後は咸陽から長安の長楽宮《ちょうらくきゅう》の門前に移された。漢においても統一の象徴として扱われていたようである。

このうち鍾鐻と金人十体が、後漢末に『三国演義』の序盤の悪役として知られる董卓《とうたく》によって鋳つぶされ、小銭にされてしまう。残る二体は、魏の明帝《めいてい》が洛陽に移そうとしたものの、その重さから覇城《はじょう》まで運んだところで、移設を断念する。その後、西晋《せいしん》による統一の崩壊後に、後趙《こうちょう》の石虎《せきこ》が鄴《ぎょう》に移し、前秦《ぜんしん》の符堅《ふけん》が再び長安に移して溶かしてしまったと伝えられている。

長城と直道

統一を達成したと言っても、もちろん軍隊が不要となったわけではない。旧六国の不満分子を押さえつけて統一や治安の維持を図るために、また外敵との戦いのために軍隊が必要とされた。

秦にとって外敵となったのは、北方の匈奴であったとされる。しかし吉本道雅の考証によれば、「匈奴」という呼称が「中国」側で用いられるようになったのは前漢に入ってからのことであり、秦の頃までは「戎」「胡」といった汎称で呼ばれていたとのことである。

これについては、「秦を亡《ほろ》ぼす者は胡なり」という予言を想起して頂ければいいだろう。始皇帝はこの予言を信じ、将軍の蒙恬《もうてん》に三十万の兵を与えて「胡」を討伐させた。ただ、この胡とは遊牧民の勢力のことではなく、二世皇帝となる始皇帝の末子胡亥《こがい》を指していたとされる。

有名な万里の長城も、胡に対処するために修築された。前章で触れたように、戦国の各国では敵対勢力の侵攻を阻むために長城が造られた。前四〇四年の「長城の戦い」に現れた斉の長城は、三晋のような他の諸侯国の侵攻に対応するためのものであり、秦・趙・燕の場合は、胡のような「中国」の外の勢力に対するものということであった。

統一秦の万里の長城は、大部分がこの戦国秦と趙・燕の長城を再利用し、連結・修築したものであったとされている。「短い戦国時代」には、秦・趙・燕の三ヵ国が分担するよ

1　長城と直道の配置

2　臨洮秦長城の版築

3　固陽秦長城の石造り

図5−2　秦の長城と直道

うな形で胡に対処していたのが、統一によって秦一ヵ国で対処に当たらなければならなくなった。

当然現在の長城のようなレンガ造りの立派なものではない。始皇帝研究で著名な鶴間和幸《つるまかずゆき》によると、土壌が豊かな地域では版築による土の長城を築き（図5－2の2）、土壌の少ない乾燥した地域では、石片を積み重ねた石造りの長城を築いたということである（図5－2の3。以下、この項の内容は鶴間氏の研究成果に多くを負う）。

秦の長城は大きく二つの部分に分けられる。ひとつは、西は現在の甘粛《かんしゅく》省岷《びん》県に位置する臨洮《りんとう》より発し、東は現在の遼寧省及び北朝鮮の一部を含む遼東郡に至るものである。『史記』蒙恬列伝によれば、これは距離にして「万余里」（約五千キロ）にもなる長大なものであったとされる（以下、長城の配置は図5－2の1の地図を参照）。これが「万里の長城」という表現の由来となっている。

その「万里」の大部分が戦国時代の長城の再利用であり、統一後に新たに建造されたのは、現在の甘粛省に位置する隴西《ろうせい》郡北部の「河上《かじょう》の城塞」と呼ばれるものである。かつ国土の西北部の防衛は、黄河や賀蘭山《がらんさん》、陰山《いんざん》山脈など自然の障壁に頼る部分も多かったのではないかと想定されている。

これとは別に、黄河の北岸と陰山山脈との間にも長城が築かれた。こちらは比較的短い長城線となる。鶴間氏はこれを「陽山《ようざん》の亭障《ていしょう》」、あるいは石造りの長城が続くということで「石の長城」と呼んでいる。

長城は胡の南下を防ぐための障壁であるが、これに加えて、首都咸陽の近辺と胡との戦いの最前線をつなぐ直通道路も設けられた。これを「直道《ちょくどう》」と呼ぶ。その起点は咸陽の西北の雲陽《うんよう》（現在の陝西省淳化《じゅんか》県）、終点は「石の長城」に接する九原《きゅうげん》（現在の内モンゴル自治区包頭《パオトウ》市）である（図5−2の1）。

直道は長城と連携した施設である。版築で舗装され、山を削り谷を埋めて敷設されたという。距離にして千八百里（約七二九キロメートル）とされる。これによって秦は咸陽を中心とする首都圏から前線へとスムーズに軍隊・物資を供給できるようになった。

なお、中国の歴史ドラマ『始皇帝　勇壮なる闘い』は、原題を『大秦直道』といい、直道の敷設を軸として始皇帝の治世を描いた作品である。

物言わぬ兵馬俑

胡との戦い、あるいは国内での治安維持を担った秦の兵士は、戦国秦以来の軍制によって全国各地で徴兵された人々であった。彼らの姿は、有名な秦の兵馬俑から見てとることができる。

陝西省西安市臨潼《りんとう》区に位置する秦の兵馬俑坑は、一九七四年に現地住民によって発見され、発掘調査が開始されて以来、現在までに三つの坑が発掘されている。

兵馬俑といえばこの秦のものがイメージされることが一般的であるが、実は等身大の兵馬俑というのは他に類を見ない。後の漢代の皇帝陵・諸侯陵から発見された兵馬俑は、高さ数十センチのミニチュアサイズである。

サイズとともに、造型の細かさも注目されてきた。ここではその髪型に注目してみよう。一般の歩兵俑の多くが、冠や帽子をかぶらず、頭髪を頭頂部の右側に束ねて結い、結《けっ》髪《ぱっ》としている（図5－3）。これには一体どのような意味合いが込められていたのだろうか。

図5－3　兵馬俑一号坑歩兵俑

鶴間氏は、髪を三つ編みにしてしっかりと結っているのに着目し、結髪は内陸部の寒冷で乾燥した地域での活動に適したもので、これによって髪が砂と埃《ほこり》から守られたのではないかとしている。兵馬俑は首都咸陽近辺での防衛戦、あるいは胡との戦いを意識した軍隊ということになるだろう。

中国古代史・『史記』研究で知られる藤《ふじ》田《た》勝《かつ》久《ひさ》は、

冠・帽子の着用や髪型が軍隊編成上の身分標識となっていると指摘している。無冠で結髪を露わにしているのは、当時の一般兵士の髪型だったのではないかと言うのである。兵馬俑の結髪は、実用性とともに身分を示すという二つの役割を持っていたことになる。

それでは兵士の境遇はどのようなものだったのだろうか。この時代になると、一兵卒の、サイズだけでなくその暮らしぶりも含めた等身大の姿を垣間見ることができる史料が増えてくる。

彼らが持っていた武器は、兵馬俑坑より銅製の弩・鏃・剣・矛・戈などが出土している。呂不韋の名を刻した武器も出土しているのは前章で述べた通りである。また金人の項で触れたように、当時はこうした武具が官署で厳しく管理されており、兵士に対しても武器や防具の支給・貸与が行われていたのであろう。

それでは兵糧やその他の物資についてはどうだったのだろうか。秦漢簡研究の宮宅潔《みやけきよし》は、里耶秦簡《りやしんかん》から、旧六国領の駐屯軍の穀物支給について分析している。里耶秦簡は二〇〇二年に湖南《こなん》省龍山《りゅうざん》県里耶鎮《りやちん》の古井戸から発見されたもので、内容は秦の時代の洞庭《どうてい》郡遷陵《せんりょう》県という地域の行政文書などである。

遷陵県一帯はもとの楚国の領域にあたるが、この秦にとっての征服地と言うべき土地に、ほかの地域から送り込まれた兵士が、おそらくは治安維持のために駐屯していた。

宮宅氏は兵士たちへの食糧供給に関する文書類を読み解き、駐屯に当たっていた兵士たちは一部例外を除き、兵糧を原住地から持参するか、家族などから送ってもらうか、あるいは現地で購入するなどして、自分でまかなうことになっていたと指摘する。

どうしても自分で兵糧をまかなえない場合は、官府が貸与する制度もあったが、後日財貨や現物で返済する必要があり、それができない場合は現地での兵役期間の延長という形で返済することになった。宮宅氏は、実際にはほとんどの兵士が兵糧を自分でまかなうことができず、貸与を受けて兵役期間を延長することになったのではないかと推測する。

これは南方の旧楚国の領内での治安維持に当たった兵士の場合の話であるが、北方で胡との戦いに当たった兵士についても、事情はそう変わらなかったであろう。

兵士が兵糧を自分でまかなう自弁制度は、秦では統一以前から行われていたようである。睡虎地四号秦墓からは、前線の兵士が故郷の家族にあてた手紙を書いた木牘が発見されている。兵士は黒夫《こくふ》と驚《きょう》という二人の男性で、おそらくは兄弟である。二人揃って前二二三年の秦が楚を滅ぼした際の戦役に従軍していた。手紙の内容は、彼ら兄弟が故郷の母や別の兄弟に銭と夏用の衣服を無心したものである。前線では衣服のような物資は支給されず、銭はそうした物資や兵糧を購入するのに充てられたのだろう。

兵糧の自弁は、秦の領土が拡大する以前、兵士の出征先が原住地からそう遠くないという状況ではうまく機能したのだろうが、統一戦争の頃には不具合が生じていた。

秦の次の漢の場合は、辺境を防衛する兵士には武器が貸与されるほか、兵糧や物資が支給されたということである。

宮宅氏はこれらのことを踏まえ、秦は遠隔地に対する兵站《へいたん》制度を十分に確立しないまま、六国の征服と占領統治へと踏み出していったのではないかという評価を下している。そしてこうした兵站制度の未熟さが、秦の統一が早々に破綻した一因だったのではないかと言う。

もし兵馬俑が口をきけたら、その口から出るのは国家や主君への忠誠を示す言葉だろうか。あるいは自分たちの置かれた境遇を訴える怨嗟の声だろうか。

刻石が語ること

『史記』秦始皇本紀の記述によると、始皇帝は統一後の始皇二十七年（前二二〇年。在位年は秦王政の時代からの通し年数である）から、彼が死を迎える三十七年（前二一〇年）まで、計五回にわたって各地に巡幸《じゅんこう》した。

始皇帝が現在の浙江省《せっこうしょう》紹興《しょうこう》市にあたる会稽《かいけい》に巡幸して浙江（銭塘江《せんとうこう》）を渡った際に、項羽が始皇帝を目にして「彼、取って代わるべし」（あいつに取って代わりたい）と言ったことはよく知られている。これはおそらく、始皇帝が会稽に赴いた最後の五度目の巡幸の時のことである。

睡虎地秦簡の『編年記』にも、始皇二十八年（前二一九年）に「今《きん》、安陸《あんりく》を過《よぎ》る」（今上が安陸に立ち寄った）と、始皇帝が当時の安陸県（現在の湖北省雲夢《うんぼう》県）に巡幸したことを示す記述がある。秦始皇本紀には、始皇帝が同年に二度目の巡幸を行い、安陸県の属する南郡《なんぐん》にも立ち寄ったとある。

巡幸の目的は、征服地の人々に新しい支配者を印象づけることにあった。それとともに、特に旧斉国の領土であった東方では、泰山《たいざん》での封禅《ほうぜん》などの祭祀儀式が行われ、刻石《こくせき》と呼ばれる石碑が建てられた。

刻石は、泰山と琅邪台《ろうやだい》に建てられた原石の一部が残存するのみであるが、石碑に刻まれていた文章は秦始皇本紀に引用されている。以下に引くように、これらの文章では六国の無道と秦による統一の正当性が訴えられている。

之罘《しふ》刻石

……六国回辟《かいへき》にして、貪戾厭《たんれいあ》くこと無く、虐殺して已《や》まず。皇帝、衆を哀れみ、遂に討師を発し、武徳を奮揚《ふんよう》す。……

（六国は邪悪で、どこまでも貪欲かつ暴虐で、虐殺が止《や》むことがない。皇帝は［六国の］民衆を哀れみ、そこで討伐の軍を発し、武徳を発揚した）

会稽刻石

……六王専《もっぱ》らにして倍《そむ》き、貪戻にして慠猛《ごうもう》、衆を率いて自《みずか》ら彊《つよ》しとす。……内に詐謀《さぼう》を飾り、外に来りて辺を侵し、遂に禍殃《かおう》を起こす。義威もて之を誅し、暴悖《ぼうはい》を殄《てん》熄《そく》し、乱賊滅亡せり。……

（六国の王は勝手気ままに［我が国に］背き、貪欲かつ暴虐で、慠り高ぶって凶暴であり、衆庶を率いて強勢を誇っていた。……［六国の］国の内では謀略が横行し、国の外では他国の辺境に侵攻し、とうとう災禍を引き起こした。［我が国は］正義と武威によって六国を誅伐し、暴虐な者どもを滅ぼし尽くし、世を乱した賊徒は滅亡した）

ここで引いた碑文のうち、之罘刻石は現在の山東省煙台《えんたい》市之罘区の之罘山に建てられたとされる。会稽刻石は秦の刻石の中で唯一南方に建てられたものである。

前章の終わりに引いた、始皇二十六年の統一達成直後の詔とはそれぞれ少し異なった点から、秦の六国討滅を正当化している。そこに見られるのは、力ある「皇帝」が暴虐な王によって治められる六国を滅ぼし、その暴政に苦しむ民を救ったという義兵説である。しかしその「皇帝」に哀れまれた六国の「衆」は、こうした義兵説に基づき自らの正当性を主張する支配者をどう見ていたのだろうか。敗戦によって政治が一変した経験を持つ我々日本人には、彼らの気持ちがわかるかもしれない。

始皇帝が没したのは、会稽刻石が建てられ、おそらくは項羽が彼の威容を目にして敵愾心を燃やした五度目の巡幸の際である。秦始皇本紀によると、始皇帝は沙丘《さきゅう》の平台《へいだい》（今の河北省広宗《こうそう》県太平台《たいへいだい》）で没した。沙丘はまた趙の武霊王が没したともされる地である。

始皇帝は長子の扶蘇《ふそ》を後継者とする心づもりだったようであるが、巡幸に随行していた側近の趙高《ちょうこう》は、丞相の李斯《りし》と共謀して遺詔を偽造し、末子の胡亥《こがい》を二世皇帝として立てた。北方の蒙恬のもとに赴任していた扶蘇は自害させられることになる。

胡との戦いや、長城・直道の建造に尽力したとされる蒙恬も、二世皇帝の即位後に罪に問われ、自害することになる。司馬遷《しばせん》はその直道を通り、長城を目にしたことがあるということである。しかし蒙恬については、長城や直道の工事が民の力を損なうものであり、秦の統一が成った時に彼がすべきだったのは民を休めることであったのに、上意におもねって功績を立てようとしたのだから、殺されるのも当然だと厳しい評価を下している。

後述するように、秦滅亡後に成立した前漢王朝は匈奴に苦しめられたはずなのであるが、それでもなお司馬遷は長城・直道の建造に否定的な評価を下している。彼の見方は「平和ボケ」といったような言葉で無碍《むげ》に片付けられるものではないだろう。

始皇帝の死や胡亥の即位については、北京大学蔵漢簡の『趙正書《ちょうせいしょ》』にも記述がある。この書では、やはり五度目の巡幸の際に病を得て死期を悟った始皇帝が、巡幸に随行した李斯らに誰を後継者とすべきか議論させる。そして胡亥を立てるべきであると奏上されると、始皇帝がそれを裁可している。始皇帝の意志に反して陰謀によって胡亥が立てられたとする秦始皇本紀とは話が異なっている。始皇帝の事績に関しては、漢代には多くの説話が語られており、『史記』が採用した話もそのうちのひとつにすぎないということになるのかもしれない。

秦始皇本紀では、始皇帝の死後、巡幸の一団は始皇帝の遺体を車に乗せたまま九原に赴き、九原から直道を通って咸陽へと戻って喪を発したとされている。

第二節　王侯将相寧くんぞ種有らんや

陳勝・呉広の乱

秦の支配のほころびは、早くも二世皇帝の元年（前二〇九年）に生じる。この年の七月、兵士として徴発された一団が任地の北方に赴く途中で、大雨のために大沢郷《だいたくきょう》（現在の安徽省宿州市《しゅくしゅう》）で足止めされることとなった。このままでは期限までに任地に到着できないが、当時の法によれば、期限に間に合わなかった場合は斬罪となる。

そこで屯長《とんちょう》として一団を率いていた陳勝《ちんしょう》と呉広《ごこう》は、どうせ死ぬのならということで、始皇帝の長子扶蘇と、秦に抵抗した楚将項燕の名を騙り、謀反を起こすことにした。藤田勝久によれば、この二人の名を騙ったのは、項燕が敗死した地点が大沢郷のある蘄県《き》であり、また扶蘇の母がおそらく楚の出身だったからではないかという。

二人は一団の人々や、自分たちを護送する兵卒を味方につけて挙兵した。この時に陳勝が放ったとされる言葉が「王侯将相寧《いず》くんぞ種有らんや」である。すなわち王侯や将軍・宰相になるのに血統など必要ないということである。こうして陳勝・呉広の乱が開始された。これが以後の中国史上で繰り返されることになる民衆反乱の嚆矢《こうし》となる。

陳勝の軍は大沢郷を攻め落とした後、周辺の県城も攻め取った。そしてかつて楚の都であったこともある陳に入城すると、陳勝は国号を「張楚《ちょうそ》」と定めて王位に即き、呉広を仮王《かおう》とした。時流に乗れば「種」を問わず「王侯将相」となれる世の中が到来したのである。

前述のように秦では、鍾鐻と金人の鋳造を名目として武器が徴集され、官署で武器の管理が行われていたということであった。陳勝たちはどこで武器を手に入れたのだろうか。前漢時代の賈誼《かぎ》による「過秦論《かしんろん》」では、陳勝たちは木を斬って武器を作り、竿を掲げて旗にしたという。あるいは陳勝の軍が大沢郷を攻めた際にそこの兵器を奪ったという解釈をする者もいる。攻め落とした地域の武器庫を接収したというのもあり得る話である。

ともあれここに楚国が復興したわけであるが、楚国復興の動きはこれが最初というわけではない。『史記』陳渉《ちんしょう》世家（陳勝は字《あざな》が渉であるので、陳渉とも呼ばれる）によると、それ以前に一時襄彊《じょうきょう》という者が楚王に立てられ、陳勝の即位にともなって殺害されている。陳勝が立たずとも、楚国復興を図る者たちが存在したということである。

陳勝の活動はここから楚の領域にとどまらず広がりを見せるようになるが、これがつまずきのもとになる。秦漢史研究の柴田昇《しばたのぼる》の研究成果に拠りつつ、その様子を見ていくことにしよう。陳勝・呉広の乱を嚆矢とする秦末漢初の動乱については、近年活発に研究がなされているが、本節では主に柴田氏の研究を参照していくことにする。

陳勝は陳の人武臣《ぶしん》・張耳《ちょうじ》・陳余《ちんよ》を趙征服のために派遣するが、張耳・陳余は現地で武臣を趙王に擁立する。陳勝は激怒したが、これを討伐するだけの力はなく、武臣の即位を追認している。ところが今度は趙が妙な形でしっぺ返しを食らうことになる。武臣が配下の韓広《かんこう》を燕征服に差し向けたところ、その韓広が「楚も趙も王を立てたのだから」ということで、現地の人々によって燕王に擁立されたのである。

柴田氏が指摘するように、郡県の世となり、周囲にもとの王族が存在しなくなっても、人々は戦国の世の国家の枠組みや地域区分を強く意識し続けていたのである。日本でも明治の世になって廃藩置県が行われたが、民衆はすぐに藩の枠組みを忘れたわけではない。ことによると、今でも意識している人がいるかもしれない。当時は統一からまだ十年程度、統一戦争の開始から数えても二十年程度しか経過していない。戦国の七雄の世のことを忘れさせ、郡県の枠組みを受け入れさせるには長い時間が必要だったのである。

旧六国のほかの地域についても見ておこう。魏でも同様に陳勝が周市《しゅうし》を派遣したところ、現地人によって周市が魏王として立てられそうになる。しかし周市は王となることを固辞し、かわりに陳勝のもとに身を寄せていた魏の王族の末裔魏咎《ぎきゅう》を擁立している。当然陳勝もその魏王即位を承認したということになろう。同じく秦漢史研究の松島隆真《まつしまたつま》は、これにより、陳勝が諸国から他国の王を承認する「王の中の第一人者」と見なされていたのではないかと言う。反秦勢力の間で、陳勝を中心として緩やかな「国際秩序」が成立しつつあったのではないかと言うのである。

ただ、三晋のうち残る韓については、他の地域に比べて秦の統制力が強く及んでいたようであり、張楚は韓を陥落させることはできなかった。

秦が最後に滅ぼした斉では、もとの王族の末裔が多く残っていたようである。まずは田《でん》儋《たん》が自立して斉王となり、魏についで斉を攻めようとした周市を敗退させ、短期間で斉を平定している。田儋の死後も田氏から田仮《でんか》・田市《でんふつ》・田栄《でんえい》らが斉王として立っている。

張楚の勢力は次第に章邯《しょうかん》率いる秦軍に押されるようになる。呉広は驕慢で用兵の才に欠けるということで配下に見限られて殺害されてしまう。二世皇帝二年の十二月（前二〇八年。秦では十月をもって年が切り替わったので、西暦年も便宜上十月をもって翌年に切り替えるが、この十二月というのは陳勝が挙兵した七月からおよそ半年後のことである）に陳勝も章邯に敗北した後、馭者に殺害される。陳勝・呉広の乱は半年ほどで平定された。しかし反乱がきっかけでおこった六国復興の動きは潰《つい》えることはなかった。以下も六国の復興、新たな枠組みの形成という観点から秦末漢初の動乱を追っていくことにしよう。

先んずれば即ち人を制す

陳勝は楚を復興させたとは言っても、その支配領域は実のところかつての楚国全域に及ぶものではない。拠点とした陳など、三晋に接する西方の地域に限られていた。東方の地域では陳勝の動きに影響されつつも別の勢力が台頭することになる。

陳勝が挙兵してから二ヵ月後の二世皇帝元年九月、会稽郡の守であった殷通《いんとう》が項梁《こうりょう》を呼び出し、ともに謀反を起こそうとした。項梁は秦に抵抗した楚将項燕の子であり、また項羽の叔父である。殷通は陳勝・呉広の乱を踏まえ、「天の秦を亡《ほろ》ぼすの時なり」「先んずれば即ち人を制し、後《おく》るれば則ち人の制する所と為る」と項梁に呼びかけた。天が秦を滅ぼそうとしている、こういうことは早い者勝ちで、先行すれば競合する他者を掣肘《せいちゅう》することができるが、出遅れたら逆に他者に掣肘されることになるというのである。

秦によって任命されたはずの官吏ですら早々と秦を見限って陳勝の真似事をしようとしているのがおもしろい。陳勝の言い分に従えば、木っ端役人にだって「王侯将相」となる資格はあるのである。郡県制では、世襲の諸侯ではなく中央が任命した官吏が地方を統治することで、中央の威令が隅々にまで行き渡り、中央集権が達成されるはずであった。これが秦のめざした中央集権の実態ということになるだろうか。しかし項梁・項羽は殷通と同調すると見せかけて彼を殺害し、自分たちが旗頭となって挙兵した。

これと前後して、東陽《とうよう》では「少年」たちが人望のある陳嬰《ちんえい》を指導者として推戴して挙兵した。当時、政治に不満を抱く「少年」と呼ばれる不良青年たちが、反乱の指導者の支持者となり、また兵力となった。また刑徒出身の英布《えいふ》（罪に座して黥《いれずみ》を入れられたことから黥布《げいふ》とも呼ばれる）が群盗の指導者となり、挙兵している。彼らはともに項梁の勢力に合流する。一方で秦嘉《しんか》という者が楚の名族出身の景駒《けいく》を楚王に立てて挙兵したが、これは項梁によって討伐された。

柴田昇が指摘するように、旧王族が多く残存して反乱の指導者となった斉、自分たちでは反乱の指導者を擁立できず、陳勝らが差し向けた部将を指導者と仰いだ三晋や燕に対し、楚では陳勝のほかにも反乱の指導者が乱立する状況であった。そして楚の東方北辺、反乱の指導者の擁立に対して異なる様相を示した楚・魏・斉の三つの地域の接点にあたる豊《ほう》に生まれ、沛《はい》（豊も沛も現在は江蘇《こうそ》省徐州《じょしゅう》市に属する県）で挙兵したのが、劉邦である。

劉邦は沛で亭長という役職に就いていた。人夫を驪山《りざん》（始皇帝の驪山陵《りざんりょう》）に送り届ける任務にあたっていたところ、人夫が逃亡して職務が果たせなくなり、彼も職務を放棄して逃亡者となった。驪山に行くはずだった人夫や沛の子弟たちが彼に付き従うようになり、群盗としてちょっとした勢力となった。

時に陳勝・呉広の乱が起こり、沛の県令も会稽郡の殷通のように挙兵しようとした。彼は官吏の蕭何《しょうか》と獄吏の曹参《そうしん》の進言を聞き入れ、劉邦を味方として迎え入れることにした。しかし劉邦の一団を目にした県令が心変わりし、劉邦の入城を拒絶する。そこで劉邦を支持する父老たちが県令を殺害し、劉邦を沛公《はいこう》に擁立して自分たちの指導者とした。

劉邦は庶民の生まれである。挙兵の段階から彼を支えた人々も、地方官吏の蕭何や曹参、あるいは互いの父親の代からの友人同士で劉邦と同じ日に生まれた盧綰《ろわん》、犬の屠殺を生業としていた樊噲《はんかい》など、庶民の出身で、豊や沛といった土地の地元民が多い。また、劉邦に無頼の気風があるということで、その配下として遊民が集うようになった。

戦国の世の楚・魏・斉の境界が交錯する周縁部で、その隙間を縫うように成立した「劉邦集団」は、当初景駒を楚王として擁立した秦嘉に接近し、秦嘉の勢力が滅んだ後は項梁の勢力に合流している。劉邦を迎え入れた直後に、項梁は参謀として迎えた范増《はんぞう》の進言により、秦に捕らえられて非業の死を遂げた楚の懐王《かいおう》の子孫にあたるという心《しん》を擁立し、祖先と同じく懐王と名乗らせている。

劉邦集団の地域属性としては、劉邦が戦国四君のひとりである魏の信陵君《しんりょうくん》を慕っていたと伝えられているように、魏人としてのアイデンティティを持っていたのではないかという議論がある。しかし柴田氏が指摘するように、秦嘉・項梁といった楚人としてのアイデンティティを持つ勢力に従うようになると、彼らも楚人として振る舞うようになる。

懐王の約

項梁は懐王心を擁立し、武信君《ぶしんくん》と号した。時に章邯率いる秦軍が魏を攻め、魏王咎や、援軍に駆けつけた斉王田儋を敗死に追い込んでいる。楚では項梁が秦軍に当たり、一度は敵軍を打ち破ったが、彼も章邯に大敗して戦死している。

あとに残された項羽が懐王政権内での項梁の地位をすんなり引き継げたわけではない。そもそも項梁からして懐王政権内の最有力者というわけではなかった。懐王が立てられた際に、陳嬰は上柱国《じょうちゅうこく》（戦国楚に由来するとされる称号）に任じられており、懐王の側近として重用されることとなった。

項梁が戦死した際には、懐王がもと陳勝の配下であった呂臣《りょしん》を司徒《しと》に、その父呂青《りょせい》を令尹《れいいん》（東周楚国の宰相職）に任じている。呂臣らも懐王の側近とされる。項梁は懐王政権内でこうした有力者のひとりにすぎなかった。また懐王はこの時に人事を定めるだけでなく、根拠地を盱台《くい》（現在の江蘇省盱眙《くい》県）から彭城《ほうじょう》（現在の江蘇省徐州市）に移すといった重要な決断を行っている。懐王は重臣の操り人形にすぎない人物ではなく、相応の決断力を有していたようである。

そうした状況を一転させたのが、救趙戦に際しての項羽の行動であった。章邯は項梁を敗死させた後、趙へと転進し、鉅鹿《きょろく》の地（現在の河北省平郷《へいきょう》県）で張耳と彼が擁立していた趙王歇《あつ》を包囲した。趙側は楚に救援を求めた。懐王は宋義《そうぎ》を上将軍、項羽を次将、范増を末将として趙の救援に当たらせた。

これとともに、懐王は劉邦を秦都咸陽のある西方の関中《かんちゅう》に進軍させている。松島氏は、これには趙の救援とともに、秦の打倒も忘れていないということを楚国内及び他国にアピールするねらいがあったのだと解釈する。この時に「先に入りて関中を定むる者、之に王たらしむ」（先に関中に入って平定した者を、その地の王とする）と、いわゆる「懐王の約」を諸将と交わしている。この盟約が後に重大な意味を持つことになる。

話を項羽に戻す。宋義は安陽の地で四十六日間進軍を停止させる。秦と趙を戦わせ、秦軍が相応に傷ついたところで攻撃を仕掛けようというのである。項羽はこれに不満を持った。また宋義が息子を斉に派遣して宰相としているのも、彼には裏切りに見えた。項羽は宋義を殺害し、遠征軍の主導権を握る。項羽がクーデターを起こしたわけであるが、報告を受けた懐王もこれを追認するほかなく、項羽を上将軍とした。項羽はここに懐王政権内で最有力者としての地位を手にした。

その後、項羽は英布ら諸将を指揮下に収め、鉅鹿の趙軍を救援して秦軍を打ち破り、六国の討伐に猛威を振るった秦将章邯を降伏させた。この救趙戦の成功により、項羽の威名は楚国だけでなく、「諸侯の上将軍」として他国にも鳴り響くことになる。ちなみに項羽が章邯と降伏の盟約を取り交わしたのが、洹水《かんすい》の南の殷虚《いんきょ》（殷墟）である。

章邯降伏後に項羽が秦兵の反抗を恐れて二十余万の兵を生き埋めにしているのは、かつて秦の白起が長平の戦いの後に降伏した趙兵四十万を生き埋めにしたことを想起させる。今回の生き埋めも救趙戦に関係していることを思えば、何やら因縁を感じさせる。

救趙の目的を果たした項羽は、秦軍を打ち破った余勢を駆って函谷関から関中へと入ろうとするが、そこで咸陽が劉邦によって既に陥落していることを知る。

劉邦の西進もすんなり進んだわけではないが、偶然が味方して彼を関中へと導いてくれることとなった。劉邦の西進と前後して、秦の宮廷でクーデターが起こったのである。二世皇帝三年（前二〇七年）の八月、丞相の趙高が二世皇帝を自殺に追い込み、新たな君主として子嬰《しえい》を擁立した。子嬰は『史記』秦始皇本紀では二世皇帝の兄の子とされているが、その続柄には諸説あり、はっきりとしない。

この子嬰が三世皇帝となるはずであったが、趙高の提案により、皇帝ではなく秦王として即位している。六国の復興を追認し、秦が戦国の七雄のひとつに逆戻りしたということになる。秦はこの時点で統一帝国であることを諦めたことになるだろう。

これとともに趙高は劉邦と裏交渉を試み、関中を二人で分割してそれぞれ王となろうと持ちかけたが、劉邦は相手にせず、関中に入って進軍を続ける。その趙高も子嬰によって殺害されてしまった。柴田氏は、劉邦の関中入りは秦軍との決戦の結果勝ち取られたものではなく、たまたま運良く発生した秦宮廷内の混乱に乗じたものであったと見ている。

同年の十月に子嬰は劉邦に降伏し、劉邦は「懐王の約」によって関中王と称した。『史記』ではこの年、西暦では前二〇六年をもって漢の元年としている。これにより秦は始皇帝の統一からわずか十五年で滅亡することとなった。もっとも、諸侯国の時代から数えると、西周の滅亡にともなって関中に入って以来五百数十年もの間存続してきたことになる。

劉邦が関中王を称する根拠となった「懐王の約」については、様々な解釈がある。柴田氏や松島氏の解釈を参照すると、そもそも懐王には始皇帝のように天下を統一支配するという発想がなかった。戦国の世のように、自国の楚も含めて諸国をそれぞれの王が支配するというのが自然な「天下」のあり方だった。もとの戦国秦の領域においても、当然新たに王を立ててもよいという発想になる。

また、現実的な問題として救趙戦までの段階で、秦に近くなかなか王が擁立されなかった韓も含めて六国の復興は完了していた。新規に王が立つ余地は、六国の共通の敵である秦の本拠地関中しかなかったのである。

王になりたければ関中に攻め込めと将軍たちを鼓舞するつもりで、懐王は「先に関中に入って平定した者を、その地の王とする」と唱えたのだとされる。関中平定などすぐに実現するはずがなく、本来「懐王の約」は非現実的なスローガンにすぎないはずであった。松島氏は、おそらく懐王は誰ひとりとして新規に王とするつもりはなかったのではないかとまで言っている。しかし関中平定は実現してしまった、懐王にそのつもりはなかったとしても、「懐王の約」は重大な意味を持つようになる。

約の如くせよ

しかし項羽及び彼の支持者は劉邦の関中王即位に納得しなかった。劉邦は「鴻門《こうもん》の会」によって項羽に謝罪し、関中王の位を返上した。劉邦にかわって咸陽に入城した項羽は、劉邦によって助命された子嬰を殺害し、秦の宮殿を焼き払った。

その後に懐王に関中の処置を請うたが、「約の如くせよ」、すなわち「懐王の約」の通りに先に関中に入った者を王とせよという答えが返ってきた。

項羽は救趙戦の成功によって諸将・諸侯の声望と強大な軍事力を手にした。だがその声望や軍事力は、宋義の殺害というクーデターを発端として得られたものであった。懐王からすれば、項羽は独断専行によって功績を積み重ねていく危険な存在である。懐王は約の遵守を項羽に求め、劉邦の功績を強調することで、項羽の功績を相対化・矮小化しようとする。懐王自身も約の持つ意味に気付いたのである。

項羽の方も、懐王の一部将としての立場から自立を図るようになる。項羽は秦の滅亡を

匈　奴
長　城
遼東王韓広
燕王臧荼
代王趙歇
恒山王張耳
済北王田安
膠東王田市
斉王田都
章邯
雍王
翟王董翳
西魏王魏豹
殷王司馬卬
西楚覇王項羽
河南王申陽
塞王司馬欣
韓王韓成
漢王劉邦
衡山王呉芮
九江王英布
臨江王共敖
閩越
南越

図5−4　十八王勢力図

機に、自らを含めた諸将・諸侯の論功行賞を行うことで、懐王政権から自勢力を切り離そうとした。まずは懐王を義帝《ぎてい》と尊称して祭り上げ、項羽自身を西楚《せいそ》の覇王《はおう》とする。これによって項羽の勢力は懐王改め義帝から分離独立することとなる。そして反秦の動乱の中で六国を復興させた諸侯を改めて王とし、更に諸国の配下の武将で功績のあった者も王に立てた。

関中王となるはずだった劉邦は漢王に立てられて西南の僻地に追いやられた。しかしその支配領域とされた漢中《かんちゅう》と巴蜀は、戦国秦の領域である。「懐王の約」は一応守られたと言えなくもない。とにもかくにも劉邦が王となれたのは、約の存在と、その遵守を求めた義帝のお陰である。王として立てられたのは、項羽を除いて計十八人。これを「十八王」と呼ぶ(図5－4)。

項羽の「覇王」という号は絶妙な呼称で、義帝を東周時代の天子に見立てれば、項羽は覇者に相当する。十八王擁立により、東周時代の「覇者体制」が復活したと見ることができる。一方で、その義帝は彭城から長沙郡の郴《ちん》県に移される際に、項羽の命によって殺害された。だから実際は項羽が最有力者として十八王に対して君臨することになった。これは秦が諸侯の最有力者として君臨した「短い戦国時代」の再来である。「中国」は秦による統一の少し手前、「短い戦国時代」からやり直すことにしたようである。

ただし歴史には似た局面はあってもまったく同じ局面というものは存在しない。当然「短い戦国時代」とは異なる点もある。ひとつは、六国を攻め滅ぼし、「天下」を統一する力を持っていた秦王とは異なり、項羽は諸侯に対してそこまでの絶対的な優位性を持っていなかったことである。

もうひとつは、諸侯の領地が細分化されたことである。「十八王」という勘定でわかるように、戦国の七雄と比べて随分と国の数が増えている。たとえば斉では、もとの斉王の田市が膠東《こうとう》王に封じられ、斉王には斉将の田都《でんと》が、更に済北《せいほく》王として戦国斉の最後の王である建《けん》の孫という田安《でんあん》が立てられ、国が三分割されている。趙では、もとの趙王歇が代《だい》王に移され、その重臣であった張耳が恒山《こうざん》王に立てられている。

項羽の出身地である楚でも、西楚の項羽ほか、九江《きゅうこう》王英布、衡山《こうざん》王呉芮《ごぜい》、臨江《りんこう》王共敖《きょうごう》と、計四人の王が立てられている。なお、このうち呉芮は番陽《はよう》県の県令から反乱に加担した身であるが、会稽郡の郡主の殷通や沛県の県令とは異なり、官吏からうまく「王侯将相」に成り上がった人物である。

諸侯の封地が細分化された事情について、柴田氏は、斉王・趙王など六国を復興させた者を、もとの国名ともとの領地で王として立てることを忌避したのではないかとする。あるいは、陳勝と前後して複数の者が楚王として立ったように、楚では他国に比べて分権性が高く、そうした感覚を他の地域での王の擁立に持ち込んでしまったのではないかとも言う。

また、群盗の身から「少年」たちに反乱の指導者として推戴された彭越《ほうえつ》、斉の実力者田栄、趙の張耳と行動をともにしていた陳余など、実力や声望がありながら王として立てられなかった者もいた。田栄はしばしば項梁に背《そむ》き、楚に従って秦を撃とうとしなかったのが問題にされたのだと言う。

十八王の擁立はもともと項羽が懐王より自立するための方策にすぎなかったので、恣意的な措置に加えて場当たり的な措置もあったようである。こうした問題を抱える十八王の擁立に対して当然不満の声が高まり、十八王体制はたちまち崩壊する。

楚漢戦争

まず行動を起こしたのは斉の田栄であった。田栄は斉地に封じられた三人の王、田都・田市・田安を討ち、三斉を統一して自ら斉王となっている。のみならず、魏では彭越に将軍の印を授けて西魏《せいぎ》王の魏豹《ぎひょう》（魏咎の弟）に背かせ、趙では陳余を支持して恒山王張耳を討たせるといった具合に、他国の不満分子と連携の動きを示している。当然項羽の怒りを買い、その討伐を受けることとなるが、田栄、そしてその弟の田横《でんおう》ら一派は粘り強い抵抗を見せ、討伐戦は泥沼化していく。

そして漢中に引きこもっていた劉邦も動き始める。関中では、もとの秦の将軍である章邯・司馬欣《しばきん》・董翳《とうえい》がそれぞれ雍《よう》王・塞《さい》王・翟《てき》王に封じられ、「三秦」と称されていた。劉邦は漢王元年四月の漢中就国の際に、謀臣の張良《ちょうりょう》の意見を容れ、関中へと通じる桟道《さんどう》を焼き、彼らや項羽に背く意志がないことを示していた。

しかし同年の八月には、大将軍韓信《かんしん》の計略を用い、新道の桟道ではなく、旧道にあたる故道《こどう》を通って関中に出て、章邯らを打ち破り、三秦を平定している。かつ、周辺の韓地・魏地の平定にも乗りだし、これらの地に封ぜられていた諸王を降伏させ、韓王として韓王信《かんおうしん》（韓の王族の末裔で、大将軍韓信とは同名の別人）、魏王として魏豹を立てている。

こうして十八王から戦国時代の七王へと再統合が進んでいく。柴田氏は、十八王の中で劉邦の漢のみがもとの秦地から韓・魏へと進出するなど、侵略的な性格を示したと指摘する。漢はこれら諸侯と連合し、項羽が斉に出兵している隙を突いて、その本拠地彭城を陥落させる。しかし帰還してきた項羽によってたちまち奪還され、劉邦は逆に危機に陥る。これが彭城の戦いである。

彭城の敗戦後も、漢は関中を拠点として項羽側と一進一退の戦いを続けていく。劉邦の助けとなったのが、関中で留守をまもり、兵員や兵糧の補給に努めた蕭何と、前線で戦い続ける韓信である。

しかし韓信は、劉邦の和平交渉を無視して斉を平定し、斉王の地位を要求するなど、自立的な行動をとるようになる。その点は、陳余に攻められて恒山王の地位を追われ、劉邦を頼っていた張耳や、項羽と敵対していた彭越も同様であった。彼らは項羽に従わないかわりに、劉邦の意のままに動くというわけでもなかった。

漢の四年（前二〇三年）九月、楚漢は鴻溝《こうこう》と呼ばれる運河を境界として一旦和睦する。鴻溝以西を漢の領土とし、以東を楚の領土とすることが定められた。しかしその和約は漢の側からすぐさま破棄され、劉邦は東帰しようとしていた項羽を追撃する。この動きに応じようとしなかった韓信・彭越も、劉邦から戦後の封地を確約されると、漢と連合して項羽を追い詰める。項羽のもとから漢に降っていた英布、劉邦の一族の劉賈《りゅうか》といった他の諸侯も馳せ参じ、ここにおいて漢はようやく諸侯の盟主らしき立場についた。

楚漢両軍の最後の決戦地となったのが垓下《がいか》（現在の安徽《あんき》省霊璧《れいへき》県）であり、項羽が漢側に包囲されて「四面楚歌」の状況となったことはよく知られている。この垓下の戦いに関して、近年、中国の研究者辛徳勇《しんとくゆう》により、項羽と劉邦の最終決戦は陳の周辺で行われており、『史記』に見える「垓下の戦い」は実は「陳下《ちんか》の戦い」の誤りであるという見方が打ち出され、議論を呼んでいる。また、陳下の戦いとともに垓下の戦いもやはり存在したの

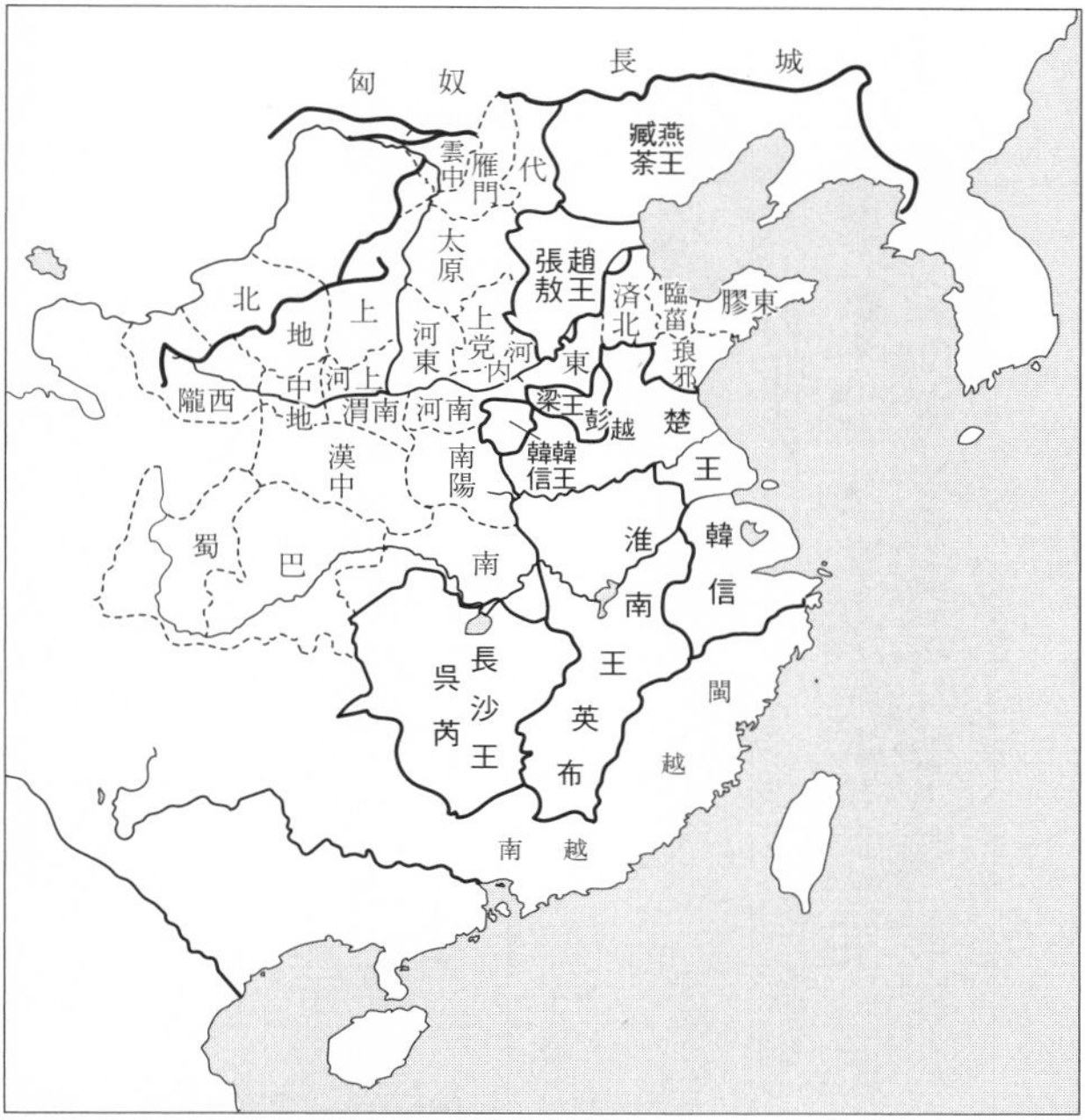

図5−5　劉邦皇帝即位時の諸侯王と郡

であるという意見もある。この「×下」というのは「×城」の城下を意味している。

垓下か陳下かについて、筆者にはその正否を判断する能力はない。差し当たって柴田氏の見解を参照すると、陳下は劉邦及びその直属の武将が項羽を破った戦い、垓下は漢を盟主とする諸侯が会して項羽に対する勝利を決定的にした戦いであると位置づけている。

項羽は長江の渡し場の烏江《うこう》で自刎した。『史記』項羽本紀では、手柄ほしさに武将たちが争ってその屍を切り刻んだという凄惨な話を伝える。

漢の五年（前二〇二年）正月、劉邦は諸侯・将相に推戴され、王から皇帝となった。この時に斉王韓信は楚王へと転じ、彼と同名の韓王信を改めて韓王とし、彭越を梁王とし、衡山王呉芮を長沙《ちょうさ》王とした。その他の主要な諸侯としては、淮南《わいなん》王英布、燕王臧荼《ぞうと》、趙王張敖《ちょうごう》（張耳の子。劉邦の娘の魯元公主《ろげんこうしゅ》を妻とした）らがいる（図5－5。図中の細字の地名は郡を示す）。

彼ら諸侯たちが自分たちの盟主として劉邦を推戴するというのが、関中など漢の直轄領域で郡県制を敷く一方で、地方では封建制を敷き、諸侯の統治に任せるという「郡国《ぐんこく》制《せい》」の原点である。秦漢史研究の楯身智志《たてみさとし》は、郡国制を、楚漢戦争において漢王劉邦を盟主とした項羽包囲網の継続と位置づけている。

陳勝・呉広の乱から楚漢戦争に至るまでの動乱は、郡県制を基礎とする秦帝国の統治を否定し、「ああでもない、こうでもない」と新たな「中国」の形を作り上げるための苦闘、もがきであった。それは漢とそれを支持する諸侯たちによる「郡国制」という形で当面の決着がついた。しかし彼らには休む間もなく、「中国」の形を決めることになる新たな戦いが待ち受けていた。

第三節　漢と匈奴、二つの帝国

冒頓単于

陳勝・呉広の乱から楚漢戦争に至る時期は、北方の草原地帯で匈奴――そろそろこの名前で呼んでもよいであろう――が勃興した時期でもあった。

『史記』匈奴列伝によると、当初匈奴は秦に勝てず北方へと移り住んでいた。しかし胡との戦いに従事していた蒙恬が死んだこと、そして諸侯が秦に背いて「中国」が乱れ、辺境の防衛が緩んだことにより、黄河を渡って河南《かなん》（ここでは現在の河南省ではなく、黄河の屈曲部にあたるオルドスを指す）へと侵入するようになったという。

当時の単于《ぜんう》（匈奴の君主号）は頭曼《とうまん》。テュルク語で「万」を意味する「テュメン」の音訳とする説がある。一万人の軍を率いる指導者ということであるが、この言語比定については否定的な論者が多い。

当時の匈奴は北方で有力な勢力だったというわけではなく、東胡《とうこ》や月氏《げっし》といった勢力の方が強盛であった。このうち東胡は前章で戦国燕と対立した勢力として登場した。これらの勢力に囲まれた匈奴は、どちらかというと弱小の勢力だったようである。「胡」と総称される雑多な遊牧民の諸勢力のうちのひとつにすぎなかったということだろう。匈奴がそこから抜きん出て強大となるのは、頭曼の子の冒頓《ぼくとつ》単于の時代からである。

その冒頓は、若年のころ月氏に人質として送られていた。匈奴列伝によると、これは頭曼による厄介払いであったようである。頭曼は太子の冒頓を死地に追いやり、後添えの閼《えん》氏《し》（単于の后妃の号）から生まれた末子を後継に立てようとしていたのである。頭曼が月氏を襲撃すると、冒頓は月氏に殺害されそうになるが、良馬を盗んで匈奴へと逃亡した。

匈奴研究で知られる沢田《さわだ》勲《いさお》によると、この時に匈奴の人々は彼の行動を勇気あるものとして、「バガツール」（テュルク語で英雄の意）と賞賛したのではないかという。これが彼の名の由来となり、「冒頓」はその音訳というわけである。ただ、この言語比定も話半分に聞き流した方が無難かもしれない。

父から万騎の将に任じられた冒頓は、配下となった騎兵に対し、自分が鳴鏑《めいてき》で射たものを彼らも射るようにと命令を下した。鳴鏑とは、射ると音を発する矢で、鏑矢《かぶらや》と訳される。古来より合図や警報として騎馬遊牧民に用いられてきたものであるという。

冒頓は鳴鏑で狩りの獲物、自分の乗る良馬、そして愛妻を射て、それを射ない者がいれば容赦なく斬った。配下が自分の意のままに動くよう訓練したのである。真の標的はその父の頭曼であった。冒頓は頭曼に従って狩猟をした際に、鳴鏑で頭曼を射た。左右に控えていた手勢も当然のように頭曼を射てこれを殺害した。こうして冒頓は単于の地位を奪取した。前二〇九年のこととされる。「中国」では秦の二世皇帝胡亥の元年、陳勝・呉広の乱がおこった年である。

単于となった冒頓に警戒の意を示したのは、東胡であった。そこで冒頓は、東胡が千里を走る名馬を要求すればその馬を差し出し、冒頓の寵姫を要求すれば彼女を差し出すといった具合に、東胡の要求に応じ続けた。しかし増長した東胡が匈奴との境となる荒れ地を要求すると、冒頓は激怒して東胡に攻め込み、油断していた敵を打ち破ってその王を殺害した。

ついで西方の月氏を征伐し、河南の楼煩《ろうはん》・白羊《はくよう》を併合する。楼煩も前章で戦国趙と隣接する勢力として登場した。また楚漢戦争の際に、漢軍に騎射に長じた楼煩の兵がおり、楚軍の壮士を射殺したが、項羽が出陣して眼をいからせると、その顔を直視できず逃げ帰ったという話が伝えられている。

冒頓はかつて蒙恬に奪われた土地を奪い返し、「中国」の燕・代の地に侵入するようになった。

そして白登山へ

「中国」で秦が滅び、楚漢の対立を通じてあるべき秩序を模索している間に、冒頓単于の匈奴は、南方では「中国」への侵入をうかがいつつ、北方では渾庾《こんゆ》・屈射《くつえき》・丁零《ていれい》・鬲《かく》昆《こん》・薪犁《しんり》といった勢力を征服し、どんどんと膨張していく。匈奴は短期間で冒頓単于を指導者とする遊牧民による「帝国」を形成していった。有力な指導者を得ると短期間で勢力が膨張していくというのは、後のチンギス・カンのモンゴルなど、モンゴル高原で繰り返される光景である。

匈奴列伝では、ここで左賢王《さけんおう》・右賢王、左谷蠡王《さろくりおう》・右谷蠡王といった大官から千長《せんちょう》・百長《ひゃくちょう》・什長《じゅうちょう》といった部隊長に至る匈奴の官職を紹介している。こうした官制は、匈奴が「帝国」化する過程で整備されていったようである。

モンゴル高原の中央部に単于の直轄領域である単于庭《ぜんうてい》が設定され、これを中心として東北は左谷蠡王、東南は左賢王、西北は右谷蠡王、西南は右賢王がそれぞれ統治したと推定されている。沢田勲が指摘するように、匈奴の行政組織は、行政の長が一万あるいは数千の騎兵を統括するといった具合に、軍事組織と表裏一体であった。

時に漢はようやく項羽の楚を滅ぼして「中国」を平定し、北方の脅威に目が向くようになった。劉邦は韓王信の才覚を見込み、韓から現在の山西《さんせい》省一帯にあたる代の地に移して匈奴に当たらせることにした。

しかしその韓王信が冒頓単于の軍に包囲されてしまう。韓王信は包囲を解いてもらおうと匈奴側と交渉したが、これが漢から匈奴との内通を疑われるもととなる。韓王信は裏切り者として誅殺されることを恐れ、いっそのことということで、自分が拠点としていた馬《ば》邑《ゆう》（現在の山西省朔州《さくしゅう》市朔城《さくじょう》区）もろとも匈奴に投降してしまった。

韓王信の軍を擁する匈奴側は、山西の太原郡に侵入し、郡の治所《ちしょ》（官庁の所在地）晋陽《しんよう》（現在の山西省太原《たいげん》市）へと迫った。この状況を捨て置けなくなった劉邦は親征を決意した。高祖七年（前二〇〇年）十月のことである。

ここで本書冒頭の白登山《はくとうざん》の戦いへと話がつながる。戦いの経過を簡単に振り返っておくと、劉邦は匈奴側のおとり作戦に引っかかり、相手を弱兵と侮って深追いし、平城《へいじょう》（今の山西省大同《だいどう》市）郊外の白登山で匈奴四十万の大軍に包囲されることとなった。劉邦の軍は飢えと寒さに苦しめられた。劉邦は七日間包囲されたすえに、冒頓単于の后妃の閼氏に贈り物をさせて和解の仲介をたのみ、白登山を脱出することができたということであった。この事件は「平城の恥」とも呼ばれる。

モンゴル史研究で知られる杉山正明《すぎやままさあき》が言うように、白登山の戦いは、遊牧民による統一帝国と、農耕民による統一帝国を形成した「中国」とが激突した最初の戦いであり、「天下分け目の戦い」と見ることができる。結果は匈奴の大勝であった。以後、漢はこの匈奴への対処に苦心することとなる。

反逆と亡命

韓王信の投降は、北辺を守る他の武将たちにも影響を与えた。韓王信の配下であった曼《まん》丘臣《きゅうしん》や王黄《おうこう》らは、韓王信の投降と白登山の戦いの間に趙の末裔という趙利《ちょうり》を擁立し、韓王信や冒頓単于と連携を図っている。趙利の擁立には失敗したが、王黄らはその後も韓王信、あるいは次に述べる陳豨《ちんき》と行動をともにしている。

韓王信は王黄らを通じて、漢の諸侯国趙の宰相であった陳豨に反乱を呼びかけている。陳豨は趙・代の兵を統括していたが、その兵権や威勢の大きさが中央に警戒されていたのである。彼は韓王信の呼びかけに応じて謀反を起こし、代王を自称して趙・代の地を荒らし回った。韓王信の討伐は高祖の十一年（前一九六年）、陳豨の討伐は翌十二年までかかっている。

陳豨の反乱は、他の諸侯王の動向にも影響を及ぼした。股くぐりの方の韓信は、漢による統一後に楚王から淮陰侯に格下げされていたが、劉邦が陳豨討伐に親征した隙を突いて反乱を起こそうとした。しかし事が露見し、劉邦の妻の呂后《りょこう》に処刑されている。また梁王彭越は陳豨討伐への従軍を、病を理由に拒絶したが、それが原因となって謀反を疑われ、王位を剝奪された挙げ句に、後に処刑されている。そして淮南王の英布は、韓信と彭越の粛清を知って謀反を決意し、劉邦の討伐を受けている。

統一帝国としての匈奴の出現は、白登山の戦いのような直接対決だけでなく、韓王信の投降、陳豨の反乱、韓信・彭越の粛清、英布の謀反といった具合に、玉突き事故のような形で間接的にも漢に打撃を与えた。松島隆真が指摘するように、統一当初の漢の情勢は北辺の危機によって形作られたものであり、匈奴の存在を抜きにして、韓信ら異姓諸侯王の粛清について語ることはできない。

韓王信の投降は匈奴への亡命とも言えるが、他にも匈奴に亡命した人々が存在する。燕王臧荼は漢による統一が成った高祖五年（前二〇二年）に反乱を起こし、討伐されているが、その子の臧衍《ぞうえん》は匈奴に亡命し、難を逃れている。臧荼の後任として燕王となった盧綰は、やはり陳豨との通謀を疑われると、韓信や彭越のように粛清されることを恐れ、匈奴に亡命して東胡の盧王《ろ》に封じられている。

亡命者は王侯だけではない。漢代には、北辺に出征した兵士や、生活の苦しさに耐えられなくなった農民がしばしば匈奴の地に逃亡したようである。少し後の時期のことになるが、『漢書』匈奴伝下《げ》には、前漢の第十代元帝《げんてい》の時代に、侯応《こうおう》という人物が北辺の状況について以下のように述べたとある。

又た辺人《へんじん》の奴婢《ぬひ》、愁苦《しゅうく》し、亡《に》げんと欲する者多し、曰く、「聞くならく、匈奴中は楽なりと、候望《こうぼう》の急なるを奈何《いかん》ともする無し」と。然るに時に亡げて塞を出《い》づる者有り。

（また辺境の人の奴隷たちは憂い苦しみ、逃亡しようとする者が多く、「聞くところによれば、匈奴の国内は安楽ということだが、国境の見張りが厳しいのでどうしようもない」などと言っております。それでも時に逃亡して長城より出る者がおります）

漢で暮らすより匈奴の方が生活するのは楽そうだと、逃亡を試みる者がいたのである。万里の長城は匈奴の侵攻を阻むだけではなく、漢の人々の逃亡をも阻む壁となったが、逃亡者を百パーセント阻みきれたわけでもなかった。

敵国が存在するというのは、悪いことばかりではない。世界が統一されるということは、もしもの時の逃げ場がなくなることも意味するのである。東周の世に晋の重耳が後継者争いから逃れるために各国を渡り歩き、斉王と不仲となった孟嘗君が秦や魏に仕えたように、敵国が存在するからこそ生き延びられる人々もいる。

そしてほとぼりが冷めたら、故郷に戻ることもできるかもしれない。盧綰の場合は、彼自身は匈奴の地で病没してしまったが、その妻と子は、劉邦の妻の呂后の時代に漢に戻ったと伝えられている。呂后は彼らと謁見を望んだが、果たせないまま呂后も盧綰の妻も病没したという。盧綰は劉邦と幼馴染みであった。その妻同士も行き来があったのであろう。

草原帝国と中国

本章では特に意識して「中国」という呼称を用いている。「中国」の呼称は第二章で触れたように、西周金文の何尊に見えるのが現存最古の例で、『詩経』『礼記《らいき》』といった古代の文献にも多く現れる。

たとえば『史記』匈奴列伝では、「十余年にして蒙恬死し、諸侯、秦に畔《そむ》き、中国擾乱《じょうらん》す」（十余年後に蒙恬が死ぬと、諸侯は秦に背き、中国は乱れた）、「是《こ》の時漢の兵、項羽と相い距《へだ》て、中国、兵革《へいかく》に罷《つか》る」（この時漢の兵は項羽と対抗しており、中国は戦争に疲れていた）、「是の時漢初めて中国を定む」（この時漢は初めて中国を平定した）といった具合に、秦漢統一帝国の領域を指して「中国」と呼んでいる。西周時代には殷王朝の王畿を指すにすぎなかった「中国」が、八百年の時を経て大きく膨張していったのである。

その「中国」の北限に接するのが匈奴であった。漢と匈奴との関係は、それぞれ農耕国家と遊牧国家の代表として二項対立的にとらえられることが多いが、アメリカの内陸アジア史研究者バーフィールドは「草原帝国」という概念を用いて、これとは少し異なる見方を提示している。

バーフィールドは、モンゴル高原に統一帝国を打ち立てた匈奴を「草原帝国」のひとつと見なしている。「草原帝国」は後代の北魏《ほくぎ》や遼《りょう》・金《きん》・元《げん》などとは異なり、「中国」の内部に入り込んで「征服王朝」を打ち立てることはなかったという。匈奴以外の「草原帝国」としては、ほかに突厥《とっくつ》やウイグルを挙げている。突厥はやはり北朝や隋《ずい》・唐《とう》を圧迫しながらも、「中国」に入って王朝を立てることはなかった。ウイグルに至っては、唐の玄《げん》宗《そう》の時代に起こった安史《あんし》の乱の際に唐側を支援したことが知られている。「草原帝国」と「中国」王朝とは、共存しやすい関係にあったのである。

ここで白登山の戦いの後に漢と匈奴が結んだ和約を振り返ってみよう。その内容は、漢の皇女を夫人として単于に差し出す、漢が匈奴に毎年貢納をする、漢と匈奴とが兄弟の関係になる、の三点であった。貢納する物品を具体的に挙げると、絮《わた》・繒《きぬ》といった衣料に関わる物資や、酒・米などの食糧である。

匈奴は勢力の膨張にともない、食糧・物資の不足に悩まされるようになっていた。というより、林俊雄《はやしとしお》や沢田勲といった内陸アジア史の研究者が指摘するように、家畜の飼育を中心とする遊牧自体の生産性がもともとそれほど高いものではないし、自給自足だけで成り立つものではなかった。穀物、木材や金属といった資材、手工業品などは定住民から調達する必要があった。

そこで安定的にそれらを調達する手段として、漢に貢納を求めたのである。バーフィールドが指摘するように、貢納品のうち繒のような奢侈品《しゃしひん》は、別の物品との取り引きに用いられたり、単于から更に配下の首領に下げ渡され、単于の権威の強化に役立った。

しかし貢納だけでは食糧・物資の不足をまかなえず、関市《かんし》といって漢と匈奴との国境沿いで双方の商人などが集まって交易が行われた。そうした平和的な手段だけでなく、しばしば略奪によって家畜や人員が奪われたり、漢側から更に有利な貢納の条件を引き出すために軍事行動が行われた。

略奪された人員は、主に匈奴領内で農作業に従事させられたとされている。林氏によると、発掘調査によって、モンゴル高原北部の匈奴の領域でも農耕・牧畜・手工業に従事する人々が定住した集落の遺跡が発見されているということである。匈奴は外界から調達した、あるいは自発的にやって来た人々に農耕や手工業を担わせていたようである。

しかしこれは一面で、匈奴が漢に不足する食糧・物資・人員の補充を依存しているということになる。だから略奪や脅しのための軍事行動はあっても、漢を滅亡させるための全面戦争を望むわけではない。漢が自分たちに服属する限りは、これと共存しようとするのである。こうした共存関係は、太平洋戦争での戦勝国であるアメリカという帝国を「同盟国」とする我々日本人には幾分理解しやすいかもしれない。

漢と匈奴との共存関係は数十年間にわたって継続したが、漢の側からこの状況が破られることになる。その経過をたどることで本書の締めくくりとしたい。

終章　「中国」の行く末

「中国」の内側では漢と諸侯国との連合による「郡国制」がとられていたが、呉楚七国の乱を経て次第に中央集権的な「郡県制」に近いものに変質していく。「中国」の外側に対しても、漢の武帝は南方の南越《なんえつ》・閩越《びんえつ》や北方の匈奴に対して、関係の清算を図るようになる。戦いのすえに「中国」が得たものは何だったのだろうか。

【年表】

前一九五年　劉邦の死
前一八〇年　呂后の死、呂氏が滅亡
前一五四年　呉楚七国の乱が勃発
前一四一年　漢の武帝が即位
前一二九年　匈奴―漢戦争の開始
前　九九年　李陵が匈奴に降伏、司馬遷が宮刑に処される
前　八七年　武帝の死

【人物】

呉王濞　漢の武帝　衛青　霍去病　趙佗　金日磾

呉楚七国の乱

劉邦は漢王時代も含めて在位十二年、西暦では前一九五年に没するが、その時には韓信・彭越ら異姓諸侯王の粛清はほぼ完了していた。

諸侯王の顔ぶれを見ると、斉王には庶長子の劉肥《りゅうひ》、趙王には寵姫の戚《せき》夫人から生まれた劉如意《りゅうにょい》、代王には庶子で後に第五代文帝《ぶんてい》となる劉恒《りゅうこう》、淮南《わいなん》王には、やはり庶子の劉《りゅう》長《ちょう》（その子劉安《りゅうあん》が『淮南子《えなんじ》』を編纂させる）、呉王には甥の劉濞《りゅうび》といった具合に、皇族が並ぶ（図終－1の系図を参照）。劉邦は生前、白馬を殺してその血をすすり、「劉氏に非《あら》ずして王たるは、天下共《とも》に之を撃て」（劉氏ではないのに王となった者は、天下の者がともにこれを討伐せよ）という「白馬の盟」を群臣と交わしたと伝えられている。

唯一の例外は、県令から王侯となった呉芮《ごぜい》の子で、その地位を引き継いだ長沙王呉臣《ごしん》であった。女性のミイラ（ただし古代エジプトのミイラのように乾燥した遺体ではなく、液体に浸かった状態で発見された）が出土したことで知られる湖南省長沙《ちょうさ》市の馬王堆漢墓《まおうたいかんぼ》は、この長沙王の宰相利蒼《りそう》の一族の墓である。ミイラは利蒼の夫人とされる。

ただ、諸侯王が異姓の者から劉氏へと入れ替わっても、諸侯王国の独立性は保たれていた。松島隆真が指摘するように、漢の皇帝はまだ諸侯王に対して相対的に強力な存在にす

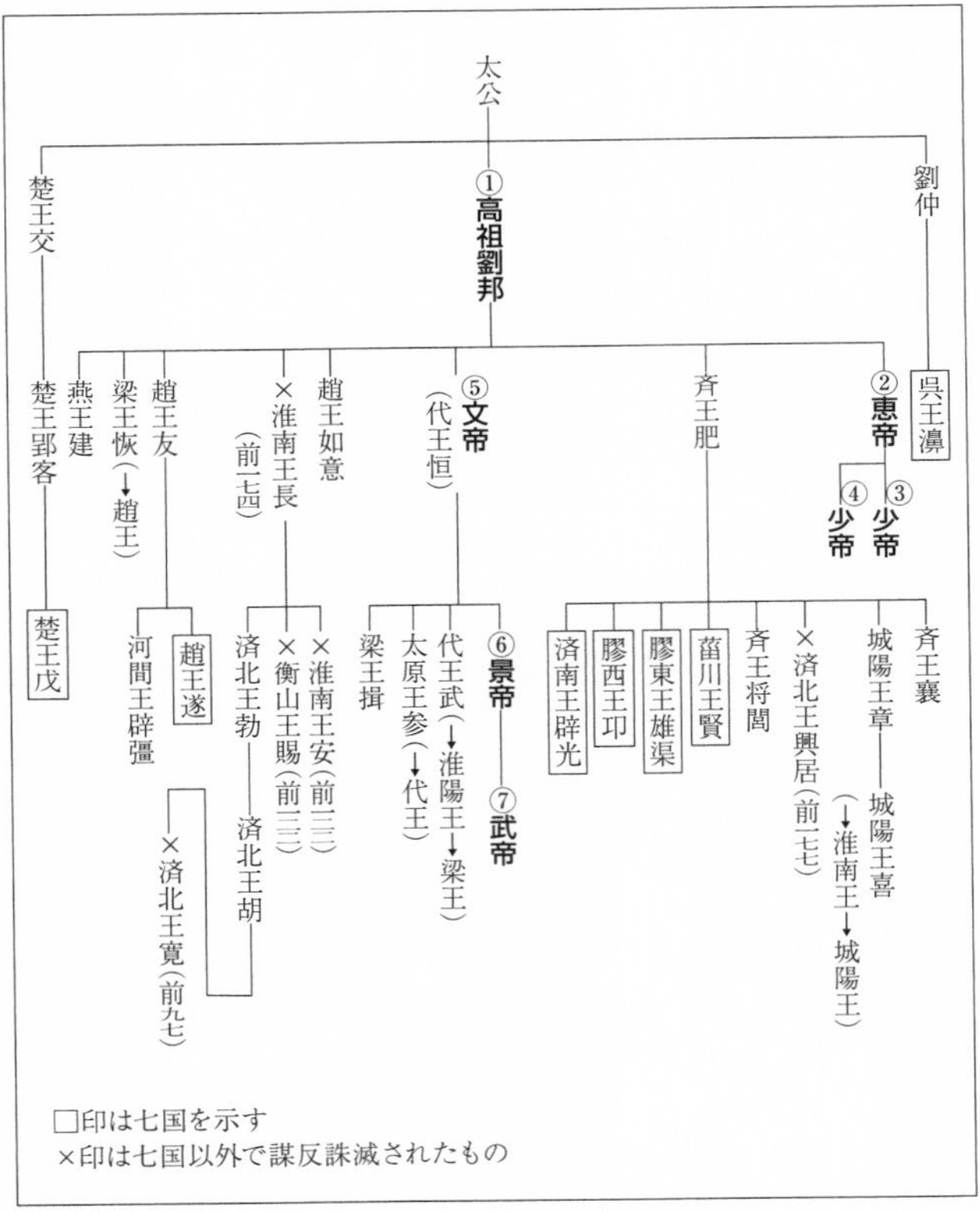

図終－1　漢王朝系図（七代武帝まで）

ぎなかった。諸侯王にとって漢の皇帝は、主君というよりは、自分たちの中の第一人者、盟主と言うべき存在であった。諸侯王国は漢王朝の内側ではなく外側にある存在であり、中央の王朝と諸侯王国との関係は「国際関係」だったのである。

この時点では「中国」＝漢王朝ではなく、「中国」は漢王朝と諸侯王国との連合体であった。これが「郡国制」と呼ばれる体制である。「中国」の人々はまだ「短い戦国時代」以来の国際秩序の中で生きていた。

こうしたあり方が呂后の一族の呂氏による専横と滅亡、そして第六代景帝《けいてい》の時代の呉楚七国の乱を経て、漢王朝が強力な統制力を得ていき、「郡国制」が実質的に「郡県制」に近いものへと変質していく。

杉山正明は、劉邦の時代の異姓諸侯王粛清から景帝の時代の呉楚七国の乱に至るまで、漢王朝が内向きでいられたのは、匈奴帝国による安全保障という傘の中で守られていたからだと皮肉を込めて述べている。しかし異姓諸侯王の粛清が匈奴の脅威に屈した韓王信の降伏から始まった玉突き事故の結果であったように、そう単純に評価できるものでもない。

諸侯王が漢の皇帝を盟主的な存在として仰いでいたのは、匈奴という共通の脅威があったからである。諸侯王が漢の皇帝を圧倒したからといって、諸侯王だけで匈奴に対処できるはずもないし、逆に王朝が進めていた匈奴との和親策は、諸侯王が行うことも可能であった。

呉楚七国の乱は、景帝の時代の前一五四年に起こった。漢王朝が進めようとしていた諸侯王国の封地削減策に対して、特に東方・南方の諸侯王が反発し、皇族の中で最長老となっていた呉王濞が中心となって挙兵したというものである。呉王には息子が皇太子時代の景帝に六博《りくはく》（当時のボードゲーム）の盤を投げつけられて殺害されたという怨みもあった。

結果は王朝側の勝利に終わり、以後王朝による諸侯王国の統制が強化されていくことになる。しかしこの戦いでは匈奴の介入によって情勢が左右される危険性もあった。その不安を示すかのように、景帝は反乱の前年に匈奴と和親を行っている。

諸侯王側も匈奴の介入を求めていた。『史記』呉王濞列伝によると、呉王濞は挙兵に際して、燕王と趙王は従来から「胡王」と盟約があったとして、燕王が匈奴の衆を率いて味方することを望むと呼びかけている。

燕王は呼びかけに応じなかったが、趙王の方は動いた。匈奴列伝には、景帝が即位すると、呉楚七国に含まれる趙王遂《すい》が密かに匈奴に使者を送り（これが「胡王」との盟約締結にあたるのであろう）、呉楚が反すると、匈奴が趙と合同して辺境から侵入しようとしたが、漢が趙を包囲して破ったため、侵入をやめたとある。

漢は「安全保障」のためにも、匈奴との関係を清算する必要に迫られていた。

北へ南へ

匈奴との関係清算に乗り出したのが、若くして即位した第七代の武帝である。彼は国内の情勢と財政の安定を背景として、前一二九年以降匈奴に対して全面戦争に打って出た。杉山正明はこれを「匈奴—漢戦争」と位置づけている。漢王朝成立以来、匈奴との戦いは常に漢は攻め入られる側であったが、「匈奴—漢戦争」では逆に漢の側から仕掛ける形で終始した。

漢代史・簡牘研究で知られる永田英正《ながたひでまさ》が指摘するように、「匈奴—漢戦争」で漢側が採用した基本方針は、徹底した人海戦術と物量作戦であった。万単位あるいは十万単位で、騎兵を中心とする多数の兵員が動員され、彼らを支える多量の兵糧・物資が徴発された。

それらを託されたのが、武帝の抜擢した衛青《えいせい》や霍去病《かくきょへい》であった。衛青は武帝の寵姫衛子夫《えいしふ》の弟である。匈奴の地にもほど近い平陽《へいよう》（現在の山西省臨汾《りんふん》市）の出身で、幼少の頃は羊飼いをしていた。そんな環境で生まれ育ったので、匈奴の暮らしぶりにも詳しかったとされる。霍去病は衛子夫・衛青の甥である。

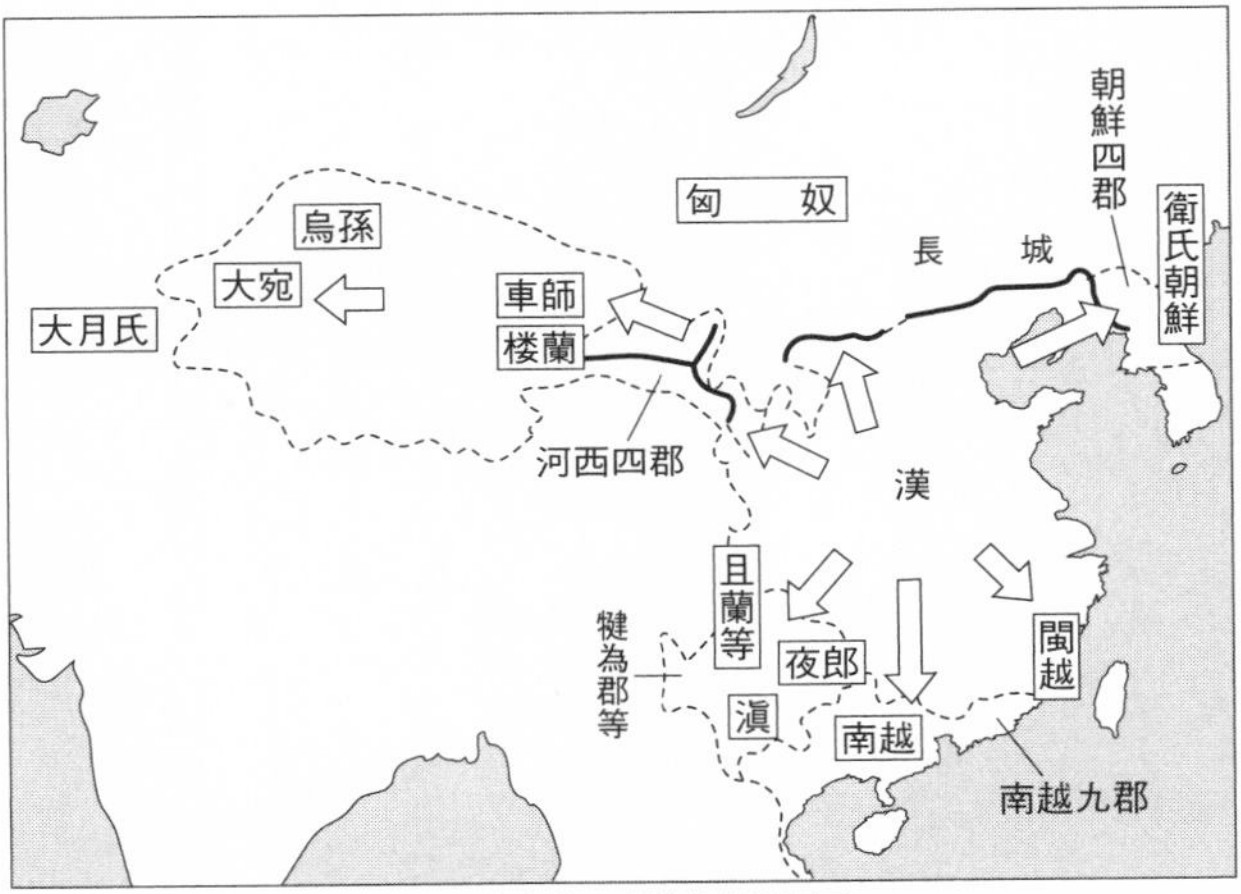

1　武帝期の対外遠征地図

2　茂陵博物館石像
匈奴兵を踏みつける馬

図終－2　武帝期の対外遠征

彼らは前一一九年まで毎年のように遠征を繰り返し、匈奴をオルドスから駆逐し、ゴビ砂漠の北へと撤退させた。武帝は二人の功績に報いるため、自らの墓陵である茂陵《もりょう》の周辺に墳墓を造ることを許した。現在霍去病の墳墓は茂陵博物館の一部として公開されており、墳墓の周囲を飾る石像などを見学することができる（図終－2の2）。

更に武帝は漢と同様に匈奴に服属し、貢納を義務づけられていた西域の諸国に目を付ける。武帝が匈奴に苦しめられていた大月氏《だいげっし》と同盟して匈奴を挟撃しようと、張騫《ちょうけん》を派遣したことはよく知られている。残念ながら同盟締結には失敗したが、武帝は張騫の持ち帰った情報をもとに西域への進出を決意した。

まずは西域への入り口となる河西回廊《かせいかいろう》を押さえ、武威《ぶい》・酒泉《しゅせん》・張掖《ちょうえき》・敦煌《とんこう》の河西四郡を設置した（ただしこの四郡の設置年代については諸説あり、特に武威郡の設置は第九代宣帝《せんてい》の時代までずれ込むようである）。そこから更に西方に出て楼蘭《ろうらん》・車師《しゃし》、そして「汗血馬《かんけつば》」と呼ばれる名馬の産地である大宛《たいえん》（フェルガナ）を服属させた（以下、武帝期の対外遠征については図終－2の1の地図を参照）。

武帝の征服はこれにとどまるものではない。東北では朝鮮半島に進出して衛氏《えいし》朝鮮を滅ぼし、楽浪《らくろう》・玄菟《げんと》・臨屯《りんとん》・真番《しんばん》の四郡を設置した。南方では現在の中国南方からベトナム北部にかけて領土を広げていた南越《なんえつ》を、東南では閩越《びんえつ》を滅ぼし、西南では「夜郎自大《やろうじだい》」の故事で知られる夜郎と滇《てん》を服属させている。

このうち衛氏朝鮮は、燕王盧綰が匈奴に亡命した際に、その部将であった衛満《えいまん》が朝鮮に亡命して建てた国であるとされる。

南越は始皇帝の時代に南海郡《なんかい》龍川《りゅうせん》県の県令であった趙佗《ちょうた》が建てた国であり、彼は自ら「武王」と称した。趙佗もまた木っ端役人から王侯将相となった身である。彼は劉邦が没した後に更に「武帝」と帝号を称した。さすがに帝号は漢から咎められたが、南越の君主はその後も対外的には「王」と称する一方で、国内では皇帝と称し続けたようである。一九八三年に広東省《カントン》広州《こうしゅう》市で第二代南越王趙胡《ちょうこ》の陵墓が発見され、「文帝行璽《ぶんていこうじ》」と刻された金印が出土している。

閩越は、近隣の東甌《とうおう》とともに、越王句践の末裔とされる騶《すう》氏が王として立てられた国である。閩越は現在の福建省《ふっけん》福州《ふくしゅう》市、東甌は浙江省温州《おんしゅう》市に属する永嘉《えいか》県に拠点を置いた。呉楚七国の乱の際に呉王濞がこの両国に同盟を呼びかけ、東甌がこれに応じたということがあった。南方の諸国についても、やはり北方の匈奴と同様に「安全保障」上対処が必要とされたのである。

「中国」の古代の終末

気がついてみれば、武帝の頃には諸侯王国の自立性が失われ、漢王朝の外地から内地となりつつあった。「郡国制」は実質的に「郡県制」と化していき、「中国」は漢王朝と諸侯王国との連合体から、漢王朝そのものになったのである。その「中国」の範囲も、武帝の積極的な対外政策により北へ南へと膨張していった。

漢の一番の大敵である匈奴に対しては、前一〇三年以降「匈奴―漢戦争」が再開されたが、以前とは異なり、はかばかしい戦果を得られなかった。司馬遷が宮刑に処される原因となり、中島敦《なかじまあつし》の小説「李陵《りりょう》」の題材ともなった李陵の投降は、この時期のことである。なお、李陵は「飛将軍《ひしょうぐん》」として知られた武将李広《りこう》の孫にあたり、その李広の祖先は『キングダム』の主役李信とされる。

漢は匈奴との戦いに莫大な戦費を投入して人海戦術と物量作戦を継続したことで、財政の悪化に悩まされるようになる。漢は武帝の時代を最盛期とし、以後、第九代宣帝の中興を挟んで衰退期に入る。

だが、漢の長年の積極攻勢は着実に匈奴にダメージを与えていた。匈奴は貢納の停止などにより、漢に経済的に依存することができなくなり、弱体化しつつあったのである。匈奴では単于の位をめぐって有力者による内紛と分裂が繰り返されるようになる。そして丁《てい》零《れい》・烏孫《うそん》・烏桓《うがん》といった周辺の遊牧勢力がこれを好機と見て匈奴を攻撃するようになった。

以後、匈奴は長い年月をかけて次第に「中国」の中に埋没していく。もと匈奴の休屠《きゅうと》王の太子で、漢に仕えた金日磾《きんじってい》はその魁と位置づけられるだろう。彼は少年の頃に当初奴隷として漢に仕えたが、武帝に抜擢され、重用されている。「金」という氏姓も武帝から与えられたものである。武帝が没する際には霍去病の異母弟霍光《かくこう》らとともに、幼少の第八代昭帝《しょうてい》の後見役に指名されている。

バーフィールドが指摘するように、「中国」を統一した漢と、「草原帝国」を統一した匈奴は、同時期に勃興し、前後して最盛期を迎え、ともに歩調を合わせるように斜陽を迎える。

様々な勢力間による戦争を通じて「中国」が膨張していき、最終的に「草原帝国」との戦いを通じてその範囲が定まっていく時代を「中国」の古代と位置づければ、両者の代表である漢と匈奴がともに衰退していく武帝の時代以後は、古代の終わり、すなわち「古代末期」の始まりと位置づけられるだろう（西洋史では古代から中世への移行期間として、数百年にわたる「古代末期」という時代区分を設けている）。武帝の時代を生きた司馬遷の『史記』は、神話の時代から「古代末期」の始まりまでを描いた史書ということになる。

本書では、新石器時代後期の戦争の起源から説き起こし、戦争と「中国」の形成について見てきた。「中国」という呼称のはじまりは西周時代であった。最大の方国であった殷が、やはり方国のひとつであった周に滅ぼされ、その周が殷王朝の王畿を「中国」と見たということであった。

そして西周の滅亡後は、諸侯たちが外交を身につけ、「中国」の内部で国際秩序を形成した。諸侯の中には、周辺の諸勢力を征服して「小帝国」を形成するものもあった。その「小帝国」を作り上げ、諸侯の第一人者となった秦は、国際秩序の維持を選ばず、郡県制のもとでの統一を選んだ。しかし中央集権的な統一への忌避感が秦への反抗を促した。秦の滅亡後、「中国」では国際秩序復活の揺り戻しがおこる。新たな第一人者となった漢は、郡国制のもとで、「草原帝国」との戦いを経て「中国」を形成していった。

古代の人々は、戦争を通じて「中国」の形を追求した。現代の中国に「敵国」があるとすれば、それは一体どういう存在なのだろうか？　中国は何を求めて戦っているのだろうか？

あとがき

講談社第一事業局学芸部の小林雅宏さんから本書執筆の依頼を受けたのは、前著『中国古代史研究の最前線』の出版から間もない二〇一八年三月の末のことであった。当初のご提案は、コミック『キングダム』ブームを受けて、戦国時代末期から統一・滅亡までの秦の歴史、秦の始皇帝について、春秋・戦国時代の特定の人物や戦争についての三つのうちいずれかのテーマで執筆して欲しいということであった。

筆者の専門は殷周史で、『キングダム』の時代とは少しずれる。秦の統一や始皇帝で丸々一冊というのは荷が重い。しかし三番目の案ならいけそうだということで、時代幅を殷代から前漢の武帝あたりまで広げ、更に内容も個別の戦争だけでなく、兵器、軍制、軍礼、軍事思想等々戦争に関わるあらゆる物事を扱うということでこちらから提案し、企画が実現することとなった。

筆者のこれまでの研究も戦争とは無縁というわけではない。筆者の修士論文のテーマは「周代の献捷《けんしょう》儀礼」であった。献捷儀礼とは、出征した将が凱旋の後に主君、あるいは祖《そ》霊《れい》に戦果を献上する祭祀儀礼である。広い意味で軍事史研究に含まれる。

書くと決まったら不思議なもので、学会などで「戦争の中国古代史」というテーマにお誂《あつら》え向きな研究成果に接するようになった。第一章の「戦う王妃たち」の項で取り上げた安陽小屯一八号墓の被葬者と同墓出土の朱書玉戈、第五章の「草原帝国と中国」の項で参照したバーフィールドの研究などがそれである。

また、宮宅潔編『多民族社会の軍事統治』、松島隆真『漢帝国の成立』、李発『甲骨軍事刻辞整理与研究』、李裕杓『西周王朝軍事領導機制研究』など、日本と中国でこのテーマに関係する学術書が相次いで出版され、啓発されるところが多かった。本書はこうした多くの学恩を受けつつ完成した。

本書執筆の間、香港のデモに対する対応、中国国内の少数民族政策、新型コロナウイルスの感染拡大などで、海外から中国に向けられる視線が厳しさを増した。本書が「中国の戦い」を理解するうえで、新たな視点を提供できれば幸いである。

最後になったが、編集を担当して頂いた小林さん、筆者の所属先の立命館大学白川静記念東洋文字文化研究所、筆者が幹事を務める漢字学研究会の会員諸氏、そしていつも筆者を見守ってくれている家族に感謝の意を捧げたい。

二〇二一年二月　立春

佐藤信弥

主要参考文献

出土文献図録類及び略称

合集：郭沫若主編、中国社会科学院歴史研究所編『甲骨文合集』（中華書局、一九七七〜一九八二年）
屯南：中国社会科学院考古研究所編『小屯南地甲骨』（中華書局、一九八〇〜一九八三年）
英蔵：李学勤・斉文心・艾蘭（サラ・アラン）編、中国社会科学院歴史研究所・倫敦大学亜非学院（ロンドン大学東洋アフリカ研究学院）編輯『英国所蔵甲骨集』（中華書局、一九八五〜一九九二年）
集成：中国社会科学院考古研究所編『殷周金文集成（修訂増補本）』（中華書局、二〇〇七年）
銘図：呉鎮烽編著『商周青銅器銘文曁図像集成』（上海古籍出版社、二〇一二年）
銘続：呉鎮烽編著『商周青銅器銘文曁図像集成続編』（上海古籍出版社、二〇一六年）

複数の章に関わるもの

佐藤信弥『周―理想化された古代王朝』（中公新書、二〇一六年）
佐藤信弥『中国古代史研究の最前線』（星海社新書、二〇一八年）
吉本道雅『中国先秦史の研究』（京都大学学術出版会、二〇〇五年）
夏商周断代工程専家組編著『夏商周断代工程一九九六―二〇〇〇年階段成果報告　簡本』（世界図書出版北京公司、二〇〇〇年）

序章

飯島武次『中国考古学のてびき』（同成社、二〇一五年）
稲畑耕一郎監修・監訳、袁行霈等原著主編、野原将揮翻訳『北京大学版　中国の文明二　古代文明の誕生と展開（下）』（潮出版社、二〇一六年。原刊二〇〇六年）
王震中著、柿沼陽平訳『中国古代国家の起源と王権の形成』（汲古書院、二〇一八年。原刊二〇一三年）

岡村秀典「中国新石器時代の戦争」(『古文化談叢』第三〇集(下)、一九九三年)
岡村秀典『夏王朝―中国文明の原像―』(講談社学術文庫、二〇〇七年。原刊二〇〇三年)
佐川正敏「王と鉞―中国新石器時代の戦争―」(『考古学研究』第四三巻第二号、一九九六年)
白川静『説文新義一』、「王」字項(『白川静著作集　別巻』、平凡社、二〇〇二年。原刊一九六九年)
宮本一夫『中国の歴史一　神話から歴史へ』(講談社学術文庫、二〇二〇年。原刊二〇〇五年)
陝西省考古研究院・榆林市文物考古勘探工作隊・神木市石峁遺址管理処「石峁遺址皇城台地点二〇一六~二〇一九年度考古新発現」(『考古与文物』二〇二〇年第四期)

第一章

浅原達郎「蜀兵探原―二里岡インパクトと周・蜀・楚」(『古史春秋』第二号、一九八五年)
落合淳思『殷―中国史最古の王朝』(中公新書、二〇一五年)
許宏著、岡村秀典訳「中国古都の恒と変―古代の城郭配置を中心として―」(『東方学』第一三九輯、二〇二〇年)
久慈大介「「生きた礼器」としての馬―殷王朝後期における馬利用の本格的開始と「馬の道」―」(鶴間和幸・村松弘一編『馬が語る古代東アジア世界史』、汲古書院、二〇一八年)
濱川栄「中国の四輪馬車」(鶴間和幸・村松弘一編『馬が語る古代東アジア世界史』、汲古書院、二〇一八年)
林巳奈夫『中国殷周時代の武器』(朋友書店、一九九九年。原刊一九七二年)
宮崎市定『中国史(上)』(岩波文庫、二〇一五年。原刊一九七七年)
籾山明「中国古代史からのコメント〈シンポジウム〉ヤマト政権=前方後円墳時代の国制とジェンダー―考古学との協同による、人的身分制的統合秩序の比較研究の試み―」(『法制史研究』第六七号、二〇一七年)
王文軒「試論前掌大墓地女性墓葬随葬兵器現象」(『考古与文物』二〇一八年第六期)
夏含夷(ショーネシー)「中国馬車的起源及其歴史意義」(『古史異観』、上海古籍出版社、二〇〇五年。初出一九八八年)

許宏『大都無城―中国古都的動態解読』（生活・読書・新知三聯書店、二〇一六年）
孫亜氷・林歓『商代史・巻一〇　商代地理与方国』（中国社会科学出版社、二〇一〇年）
趙平安「甲骨文〝丯口〟即〝曷〟字説―兼談羯的族源」（『新出簡帛与古文字古文献研究』、商務印書館、二〇〇九年。初出二〇〇二年）
陳絜「小屯M18所出朱書玉戈与商人東進交通線」（『故宮博物院院刊』二〇一九年第三期）
湯志彪「〝甲子朝歳貞克聞夙有商〟解詁」（『歴史研究』二〇一九年第三期）
羅琨『商代史・巻九　商代戦争与軍制』（中国社会科学出版社、二〇一〇年）
李発『甲骨軍事刻辞整理与研究』（中華書局、二〇一八年）

第二章

伊藤道治「姫姓諸侯封建の歴史地理的意義」（『中国古代王朝の形成―出土資料を中心とする殷周史の研究―』、創文社、一九七五年）
黄川田修「洛陽〝成周〟所在地を巡る諸問題」（『中国考古学』第一八号、二〇一八年）
菊地大樹「中国古代の馬文化」（右島和夫監修『馬の考古学』、雄山閣、二〇一九年）
佐藤信弥「「三監の乱」説話の形成―清華簡『繫年』第三章より見る―」（『漢字学研究』第二号、二〇一四年）
高島敏夫『西周王朝論《話体版》』（朋友書店、二〇一七年）
竹内康浩『中国王朝の起源を探る』（山川出版社世界史リブレット、二〇一〇年）
西江清高「関中平原に登場した都城圏と畿内的地域」（『西周王朝の形成と関中平原』、同成社、二〇一九年）
林巳奈夫「先秦時代の馬車」（林巳奈夫著、岡村秀典編『中国古代車馬研究』、臨川書店、二〇一八年。初出一九五九年）
吉本道雅「清華簡繫年考」（『京都大学文学部研究紀要』第五二号、二〇一三年）
于省吾「略論西周金文的〝六𠂤〟和〝八𠂤〟及其屯田制」（『考古』一九六四年第三期）
于省吾「関於《論西周金文中六𠂤八𠂤和郷遂制度的関係》一文的意見」（『考古』一九六五年第三期）
王国維「鬼方昆夷玁狁考」（『観堂集林』巻一三、中華書局、一九五九年。原刊一九二一年）
商艶濤『西周軍事銘文研究』（華南理工大学出版社、二〇一三年）

陳致「夷夏新弁」（『中国史研究』二〇〇四年第一期）
楊寛「論西周金文中〝六𠂤〟〝八𠂤〟和郷遂制度的関係」（『考古』一九六四年第八期）
楊寛「再論西周金文中〝六𠂤〟和〝八𠂤〟的性質」（『考古』一九六五年第一〇期）
楊博「清華簡《繫年》簡文〝京師〟解」（『簡帛』第一二輯、上海古籍出版社、二〇一六年）
雷晋豪『周道：封建時代的官道』（社会科学文献出版社、二〇一一年）
李松儒『清華簡《繫年》集釈』（中西書局、二〇一五年）
李峰著、徐峰訳、湯恵生校『西周的滅亡　中国早期国家的地理和政治危機（増訂本）』（上海古籍出版社、二〇一六年。原刊二〇〇六年）
李峰「論「五等爵」称的起源」（『古文字与古代史』第三輯、中央研究院歴史語言研究所、二〇一二年）
李裕杓『西周王朝軍事領導機制研究』（上海古籍出版社、二〇一八年）
沈載勲「金文에 나타난 西周 군사력 구성과 왕권」（『中国史研究』第四一輯、二〇〇六年）

第三章

宇都木章『春秋時代の貴族政治と戦乱』（比較文化研究所、二〇一三年）
江村知朗「春秋時代の「国際」秩序について―その原理と始祖伝説―」（『集刊東洋学』第八七号、二〇〇二年）
高木智見「春秋時代の軍礼について」（『名古屋大学東洋史研究報告』第一一号、一九八六年）
高木智見『孔子―我、戦えば則ち克つ―』（山川出版社世界史リブレット人、二〇一三年）
水野卓「『繫年』が記す東遷期の年代」（『春秋時代の統治権研究』汲古書院、二〇二〇年。初出二〇一七年）
渡邉英幸『古代〈中華〉観念の形成』（岩波書店、二〇一〇年）
顧徳融・朱順龍『春秋史』（上海人民出版社、二〇〇一年）
孫剛・李瑶「庚壺銘文与斉軍囲莱問題補議」（『管子学刊』二〇一六年第一期）
陳光軍「新見晋地鋳呉国兵器之小議」（復旦大学出土文献与古文字研究中心網站、二〇一六年五月二七日、http://www.gwz.fudan.

edu.cn/Web/Show/2806）
童書業『春秋左伝研究』（上海人民出版社、一九八〇年）
李学勤等著『出土簡帛与古史再建』（経済科学出版社、二〇一七年）

第四章

浅野裕一『孫子』（講談社学術文庫、一九九七年）
浅野裕一『諸子百家』（講談社学術文庫、二〇〇四年。原刊二〇〇〇年）
浅野裕一「『曹沫之陳』の兵学思想」（湯浅邦弘編『上博楚簡研究』、汲古書院、二〇〇七年。初出二〇〇五年）
大櫛敦弘「統一前夜—戦国後期の「国際」秩序—」（『名古屋大学東洋史研究報告』第一九号、一九九五年）
大西克也・大櫛敦弘『馬王堆出土文献訳注叢書　戦国縦横家書』（東方書店、二〇一五年）
柿沼陽平「戦国趙武霊王の諸改革」（『日本秦漢史研究』第一三号、二〇一三年）
小南一郎「中山王陵三器銘とその時代背景」（林巳奈夫編『戦国時代出土文物の研究』、京都大学人文科学研究所、一九八五年）
髙村武幸「戦国秦の「帝国」化と周縁領域統治の変遷」（髙村武幸等編『周縁領域からみた秦漢帝国二』、六一書房、二〇一九年）
豊田久「周天子と〝文・武の胙〟の賜与について—成周王朝とその儀礼その意味—」（『史観』第一二七冊、一九九二年）
橋本明子「戦国趙の「胡服騎射」」（『名古屋大学東洋史研究報告』第三〇号、二〇〇六年）
宮本一夫「東周代燕国の東方進出」（『東洋史研究』第七八巻第二号、二〇一九年）
湯浅邦弘『中国古代軍事思想史の研究』（研文出版、一九九九年）
吉本道雅「史記戦国紀年考」（『立命館文学』第五五六号、一九九八年）
吉本道雅「商君変法研究序説」（『史林』第八三巻第四号、二〇〇〇年）
吉本道雅「前四世紀中国における歴史認識の変容—時代区分としての「春秋時代」の出現—」（史学研究会大会公開講演資料、二〇一八年）
湖北省荊州地区博物館「江陵天星観一号楚墓」（『考古学報』一九八二年第一期）

山西省考古研究所等「長平之戦遺址永録一号尸骨坑発掘簡報」(『文物』一九九六年第六期)
陳偉主編『秦簡牘合集　釈文注釈修訂本』(壹・貳)(武漢大学出版社、二〇一六年)
董珊「清華簡《繫年》与驫羌鐘対読」(『簡帛文献考釈論叢』、上海古籍出版社、二〇一四年。初出二〇一一年)
藍靖・任江波「山西発現疑似長平之戦尸骨坑:尸骨曾被収購做飼料　現擬建国家文化公園」(紅星新聞、二〇二〇年七月二一日、https://www.sohu.com/a/408825999_116237)
李志芳・蔣魯敬「湖北荊州市胡家草場西漢墓M一二出土簡牘概述」(『考古』二〇二〇年第二期)
李智裕「遼陽博物館蔵秦国有銘矛」(『考古与文物』二〇一八年第一期)
楊寛『戦国史』(台湾商務印書館、一九九七年)
楊寛『戦国史料編年輯証』(上海人民出版社、二〇〇一年)

第五章・終章

沢田勲『匈奴―古代遊牧国家の興亡(新訂版)―』(東方書店、二〇一五年。原刊一九九六年)
柴田昇『漢帝国成立前史―秦末反乱と楚漢戦争―』(白帝社、二〇一八年)
杉山正明『遊牧民から見た世界史　増補版』(日経ビジネス人文庫、二〇一一年。原刊一九九七年)
楯身智志「「郡国制」の形成と展開」(『前漢国家構造の研究』、早稲田大学出版部、二〇一六年。初出二〇一〇年)
鶴間和幸『始皇帝陵と兵馬俑』(講談社学術文庫、二〇〇四年。原刊二〇〇一年)
鶴間和幸「秦長城建設とその歴史的背景」(『秦帝国の形成と地域』、汲古書院、二〇一三年。初出一九九七年)
鶴間和幸『人間・始皇帝』(岩波新書、二〇一五年)
永田英正『漢の武帝』(清水書院、二〇一二年)
林俊雄『興亡の世界史　スキタイと匈奴　遊牧の文明』(講談社学術文庫、二〇一七年。原刊二〇〇七年)
藤田勝久「戦国・秦代の軍事編成―秦始皇陵兵馬俑の軍陣をめぐって―」(『中国古代国家と郡県社会』、汲古書院、二〇〇五年。初出一九八七年)
藤田勝久「始皇帝と諸公子について」(『史記秦漢史の研究』、汲古書院、二〇一五年。初出二〇〇二年)

松島隆真「匈奴の出現と前漢高祖期の政治―功臣表より探る―」（『中国古代史論叢』第三集、二〇〇六年）
松島隆真「鉅鹿の戦いとその歴史的意義―「懐王の約」をめぐる項羽と劉邦―」（『中国古代史論叢』第九集、二〇一七年）
松島隆真『漢帝国の成立』（京都大学学術出版会、二〇一八年）
宮宅潔「征服から占領統治へ―里耶秦簡に見える穀物支給と駐屯軍」（宮宅潔編『多民族社会の軍事統治―出土史料が語る中国古代』、京都大学学術出版会、二〇一八年）
辛徳勇「論所謂〝垓下之戦〟応正名為〝陳下之戦〟」（『歴史的空間与空間的歴史』、北京師範大学出版社、二〇〇五年。初出二〇〇一年）
巴菲爾徳（バーフィールド）著、袁剣訳『危険的辺疆―游牧帝国与中国―』（江蘇人民出版社、二〇一一年。原刊一九八九年）
吉本道雅「匈奴初見考」（愛新覚羅恒煦等『愛新覚羅氏三代阿爾泰学論集』、明善堂、二〇〇二年）

図版出典

図序－1　飯島武次『中国考古学のてびき』（同成社、二〇一五年）、表一の一部。
図序－2　佐川正敏「王と鉞―中国新石器時代の戦争―」（『考古学研究』第四三巻第二号、一九九六年）、五二頁図二。
図序－3　左図：劉釗・馮克堅主編『甲骨文常用字字典』（中華書局、二〇一九年）、一三三二頁。右図：羅琨『商代史・巻九　商代戦争与軍制』（中国社会科学出版社、二〇一〇年）、彩図七。
図1－1　上図：稲畑耕一郎監修、劉煒編、尹盛平著、荻野友範・崎川隆訳『図説　中国文明史二　殷周　文明の原点』（創元社、二〇〇七年）、九頁を改変。下図：王震中『商代史・巻五　商代都邑』（中国社会科学出版社、二〇一〇年）、彩図一四。
図1－2　上図：小澤正人・谷豊信・西江清高『世界の考古学⑦　中国の考古学』（同成社、一九九九年）、一七一頁を改変。下図：同、一六九頁。
図1－3　《商代史》課題組著、宋鎮豪主筆『商代史・巻一　商代史論綱』（中国社会科学出版社、二〇一一年）、二六頁を改変。
図1－4　1：林巳奈夫『中国殷周時代の武器』（朋友書店、一九九九年。原刊一九七二年）、図五を改変。2：羅琨『商代史・巻九　商代戦争与軍制』（中国社会科学出版社、二〇一〇年）、彩図一六。3：『商代戦争与軍制』、彩図二〇。4：『中国殷周時代の武

器』、図二四三。5：『商代戦争与軍制』、彩図九。6：『中国殷周時代の武器』、図四六四。7：集成二九二一。
図1－5　中国社会科学院考古研究所編著『中国考古学　夏商巻』（中国社会科学出版社、二〇〇三年）、図版二四。
図1－6　合集一〇四〇五正の一部。
図1－7　合集三三〇〇六の一部。
図1－8　中国社会科学院考古研究所安陽工作隊「安陽小屯村北的両座殷代墓」（『考古学報』一九八一年第四期）、図一一－一。
図1－9　1：高明・涂白奎編著『古文字類編（増訂本）』（上海古籍出版社、二〇〇八年）、九頁を改変。2：同、一九二頁を改変。3：合集三八七五八。4：孫亜氷・林歓『商代史・巻一〇　商代地理与方国』（中国社会科学出版社、二〇一〇年）、図七－七三。
図1－10　左図：中国国家博物館・中国書法家協会編『中国国家博物館典蔵　甲骨文金文集粋』（安徽美術出版社、二〇一五年）、二六。右図：集成四一三一。
図2－1　佐藤信弥『周─理想化された古代王朝』（中公新書、二〇一六年）、図一－五。
図2－2　松丸道雄・永田英正『《ビジュアル版》世界の歴史五　中国文明の成立』（講談社、一九八五年）、八五頁。
図2－3　集成六〇一四。
図2－4　黄川田修「洛陽〝成周〟所在地を巡る諸問題」（『中国考古学』第一八号、二〇一八年）、図五。
図2－5　集成二六〇。
図2－6　林巳奈夫著、岡村秀典編『中国古代車馬研究』（臨川書店、二〇一八年）、図一〇八。
図3－1　宇都木章『春秋時代の貴族政治と戦乱』（比較文化研究所、二〇一三年）、二〇頁。
図3－2　清華大学出土文献研究与保護中心編、李学勤主編『清華大学蔵戦国竹簡（貳）』（中西書局、二〇一一年）、三頁、第七簡。
図3－3　鍾柏生等編『新収殷周青銅器銘文暨器影彙編』（芸文印書館、二〇〇六年）、一〇二〇。
図3－4　劉釗・馮克堅主編『甲骨文常用字字典』、一二三九頁。
図3－5　陳光軍「新見晋地鋳呉国兵器之小議」（復旦大学出土文献与古文字研究中心網站、二〇一六年五月二七日、http://www.gwz.fudan.edu.cn/Web/Show/2806）、図二。
図3－6　張頷等著、山西省文物工作委員会編『侯馬盟書（増訂本）』（山西古籍出版社、二〇〇六年）、三四頁、（四）一五六：一。

図4－1　松丸道雄・永田英正『《ビジュアル版》世界の歴史五　中国文明の成立』、一二四頁を改変。
図4－2　集成一五七。
図4－3　曾公亮等撰『武経総要』巻十（『中国兵書集成』第三冊、解放軍出版社、一九八八年）、四三七～四三八頁を改変。
図4－4　楯身智志『前漢国家構造の研究』（早稲田大学出版部、二〇一六年）、図序－一を改変。
図4－5　四川省文物考古研究所編『三星堆祭祀坑』（文物出版社、一九九九年）、彩図、図五七。
図4－6　山西省考古研究所等「長平之戦遺址永録一号戸骨坑発掘簡報」（『文物』一九九六年第六期）、彩色挿頁貳、一。
図5－1　水間大輔「専制国家体制の確立と拡大―秦代～前漢武帝期」（津田資久・井ノ口哲也編著『教養の中国史』、ミネルヴァ書房、二〇一八年）、図二－一。
図5－2　1：鶴間和幸『秦帝国の形成と地域』（汲古書院、二〇一三年）、図五八を改変。2：徐衛民・喩鵬濤『秦直道　直道与長城―秦的両大軍事工程』（陝西師範大学出版総社、二〇一八年）、図一－四。3：『秦直道　直道与長城―秦的両大軍事工程』、図九－一二。
図5－3　蔡慶良・張志光主編『秦業流風　秦文化特展』（国立故宮博物院、二〇一六年）、一九四頁の一部。
図5－4　水間大輔「専制国家体制の確立と拡大―秦代～前漢武帝期」、図二－五を改変。
図5－5　水間大輔「専制国家体制の確立と拡大―秦代～前漢武帝期」、図二－七を改変。
図終－1　西嶋定生『秦漢帝国』（講談社学術文庫、一九九七年）、図㊻。
図終－2　1：水間大輔「専制国家体制の確立と拡大―秦代～前漢武帝期」、図二－九。2：筆者撮影。

講談社現代新書　2613

戦争《せんそう》の中国《ちゅうごく》古代史《こだいし》

二〇二一年三月二〇日第一刷発行

著　者　佐藤信弥《さとうしんや》　

発行者　鈴木章一

発行所　株式会社講談社

東京都文京区音羽二丁目一二―二一　郵便番号一一二―八〇〇一

電　話　〇三―五三九五―三五二一　編集（現代新書）

〇三―五三九五―四四一五　販売

〇三―五三九五―三六一五　業務

装幀者　中島英樹

印刷所　株式会社新藤慶昌堂

製本所　株式会社国宝社

定価はカバーに表示してあります　Printed in Japan

N.D.C. 222　282p　18cm

ISBN978-4-06-522861-6

「講談社現代新書」の刊行にあたって

教養は万人が身をもって養い創造すべきものであって、一部の専門家の占有物として、ただ一方的に人々の手もとに配布され伝達されうるものではありません。

しかし、不幸にしてわが国の現状では、教養の重要な養いとなるべき書物は、ほとんど講壇からの天下りや単なる解説に終始し、知識技術を真剣に希求する青少年・学生・一般民衆の根本的な疑問や興味は、けっして十分に答えられ、解きほぐされ、手引きされることがありません。万人の内奥から発した真正の教養への芽ばえが、こうして放置され、むなしく滅びさる運命にゆだねられているのです。

このことは、中・高校だけで教育をおわる人々の成長をはばんでいるだけでなく、大学に進んだり、インテリと目されたりする人々の精神力の健康さえもむしばみ、わが国の文化の実質をまことに脆弱なものにしています。単なる博識以上の根強い思索力・判断力、および確かな技術にささえられた教養を必要とする日本の将来にとって、これは真剣に憂慮されなければならない事態であるといわなければなりません。

わたしたちの「講談社現代新書」は、この事態の克服を意図して計画されたものです。これによってわたしたちは、講壇からの天下りでもなく、単なる解説書でもない、もっぱら万人の魂に生ずる初発的かつ根本的な問題をとらえ、掘り起こし、手引きし、しかも最新の知識への展望を万人に確立させる書物を、新しく世の中に送り出したいと念願しています。

わたしたちは、創業以来民衆を対象とする啓蒙の仕事に専心してきた講談社にとって、これこそもっともふさわしい課題であり、伝統ある出版社としての義務でもあると考えているのです。

一九六四年四月　野間省一

世界史Ⅰ

834 ユダヤ人──上田和夫
930 フリーメイソン──吉村正和
934 大英帝国──長島伸一
968 ローマはなぜ滅んだか 弓削達
1017 ハプスブルク家──江村洋
1019 動物裁判──池上俊一
1076 デパートを発明した夫婦 鹿島茂
1080 ユダヤ人とドイツ──大澤武男
1088 ヨーロッパ「近代」の終焉──山本雅男
1097 オスマン帝国──鈴木董
1151 ハプスブルク家の女たち 江村洋
1249 ヒトラーとユダヤ人 大澤武男

1252 ロスチャイルド家 横山三四郎
1282 戦うハプスブルク家 菊池良生
1283 イギリス王室物語──小林章夫
1321 聖書vs.世界史──岡崎勝世
1442 メディチ家──森田義之
1470 中世シチリア王国──高山博
1486 エリザベスⅠ世──青木道彦
1572 ユダヤ人とローマ帝国 大澤武男
1587 傭兵の二千年史──菊池良生
1664 新書ヨーロッパ史 中世篇 堀越孝一 編
1673 神聖ローマ帝国──菊池良生
1687 世界史とヨーロッパ 岡崎勝世
1705 魔女とカルトのドイツ史──浜本隆志

1712 宗教改革の真実──永田諒一
2005 カペー朝──佐藤賢一
2070 イギリス近代史講義──川北稔
2096 モーツァルトを「造った」男──小宮正安
2281 ヴァロワ朝──佐藤賢一
2316 ナチスの財宝──篠田航一
2318 ヒトラーとナチ・ドイツ 石田勇治
2442 ハプスブルク帝国──岩﨑周一

世界史Ⅱ

J

日本史Ⅰ

Ⓖ

哲学・思想Ⅰ

66 哲学のすすめ――岩崎武雄
159 弁証法はどういう科学か 三浦つとむ
501 ニーチェとの対話――西尾幹二
871 言葉と無意識――丸山圭三郎
898 はじめての構造主義 橋爪大三郎
916 哲学入門一歩前――廣松渉
921 現代思想を読む事典 今村仁司 編
977 哲学の歴史――新田義弘
989 ミシェル・フーコー 内田隆三
1001 今こそマルクスを読み返す 廣松渉
1286 哲学の謎――野矢茂樹
1293 「時間」を哲学する――中島義道
1315 じぶん・この不思議な存在――鷲田清一
1357 新しいヘーゲル――長谷川宏
1383 カントの人間学――中島義道
1401 これがニーチェだ――永井均
1420 無限論の教室――野矢茂樹
1466 ゲーデルの哲学――高橋昌一郎
1575 動物化するポストモダン 東浩紀
1582 ロボットの心――柴田正良
1600 ハイデガー＝存在神秘の哲学――古東哲明
1635 これが現象学だ――谷徹
1638 時間は実在するか 入不二基義
1675 ウィトゲンシュタインはこう考えた 鬼界彰夫
1783 スピノザの世界――上野修
1839 読む哲学事典――田島正樹
1948 理性の限界――高橋昌一郎
1957 リアルのゆくえ――大塚英志 東浩紀
1996 今こそアーレントを読み直す――仲正昌樹
2004 はじめての言語ゲーム――橋爪大三郎
2048 知性の限界――高橋昌一郎
2050 超解読！ はじめてのヘーゲル『精神現象学』 竹田青嗣 西研
2084 はじめての政治哲学 小川仁志
2099 超解読！ はじめてのカント『純粋理性批判』 竹田青嗣
2153 感性の限界――高橋昌一郎
2169 超解読！ はじめてのフッサール『現象学の理念』――竹田青嗣
2185 死別の悲しみに向き合う――坂口幸弘
2279 マックス・ウェーバーを読む――仲正昌樹